近くでもいいトコ、ありました。

東京発、
日帰りさんぽ旅

1 Day Trip from Tokyo

東京から2時間で。

色々なものが大きく変化したこの1年。旅好きのみなさんはどのように過ごしていたでしょうか。いつか行ってみたいと思っていたあの国や、大切な人と訪れたあの場所が、今どうなっているのかな、と思いを馳せたりしたのではないでしょうか。

ミニマルなライフスタイルがスタンダードになりつつある今、旅の形も変わり、身近な場所の魅力に気づいた方も多いかも知れません。

本書でご紹介するのは、東京から電車や車で2〜3時間で行ける"小さな旅"。潮風が心地よい港町に、寺社仏閣が集まる歴史の町、広大な大地にのびのびと自然が広がる農業の町……。お休みをとって遠くに行かなくても、都心からたった数時間

移動しただけで景色は変わり、異なる歴史や文化があり、そこで暮らす人々との出会いがあります。

本書では、それぞれのエリアで叶えたいことを、テーマごとにご紹介。たった1日しかなくても、おさんぽ感覚で町を歩き、その場所の魅力を満喫し尽くすことができるプランを提案しています。

さらに、各エリアの最後のページには、取材者が旅で見つけた素敵なものたちを写真に収め、"旅ノート"としてまとめているので、ぜひ参考にしてみてください。

少し早起きしてプランを練り、都会を抜け出せば、その場所で醸成された町の独特の雰囲気が、ホッと心をほぐしてくれるかも。

次の週末、どこ行く?
CONTENTS & AREA MAP

♥那須

TOCHIGI

GUNMA

♥益子

軽井沢♥

♥松本

♥長瀞

IBARAKI

Nagano

SAITAMA

♥所沢

甲府♥

Tokyo

CHIBA

YAMANASHI

鎌倉♥

♥木更津

KANAGAWA

♥葉山・逗子

箱根♥

♥三浦・三崎

♥熱海

SHIZUOKA

本書の使い方

MAP 地図上での位置を表示
☎電話番号
⌂所在地
⏰営業時間・開館時間(オープンからクローズまでを表記しています。
　最終入場時間やラストオーダーがある場合は、
　その時間も記載しています)
休 定休日(年末年始、祝を除く)
¥ 大人1名の入場料、施設利用料
♥ 最寄り駅やバス停、最寄りのICからの所要時間

本書に記載されている情報は2021年5月現在のものです。
内容が変更される場合がありますので、事前にご確認ください。
価格は消費税込みの金額を記載しています。
新型コロナウイルス感染拡大の影響により、
サービスの内容や営業時間が変更になる場合があります。
また、本書に掲載された内容による損害等は弊社では補償しかねますので、
あらかじめご了承ください。

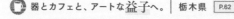

信州グルメな『軽井沢』へ。

#01 グルメ列車"ろくもん"で軽井沢→長野へ。

#02 軽井沢スイーツはカフェ＆テイクアウト狙い。

#03 旧軽井沢銀座通り周辺をおさんぽする。

明治時代にカナダ人宣教師が避暑に訪れたことがきっかけで、国際的な避暑地として発展した軽井沢。豊かな自然、西洋文化の影響を受けた老舗ホテルやキリスト教会が美しく、非日常感のあるショートトリップにぴったり。

ジョン・レノンも愛した万平ホテル カフェテラス（P.12）では、信州フルーツを使ったスイーツを

やるって
決めてること。
01
KARUIZAWA

グルメ列車"ろくもん"で
軽井沢→長野へ。

軽井沢駅発のディナー列車で長野駅へ。
予約でいっぱいの人気列車のため、早めの予約が重要！

📄 **TRIP REPORT**

（ オドロキがいっぱいの"旅するレストラン"でした。 ）

少しでも時間を無駄にせず楽しみたい日帰りの旅。移動時間も旅気分を味わいたい！と選んだのが、観光列車"ろくもん"。信州の美食を楽しめるグルメプランは、浅間山麓ののどかな景色を楽しみながら、地元人気レストランの料理を味わうことができるとあって大人気。車内は和テ

イストの華やかな空間で、旅の気分を上げてくれる。コース仕立てでひと皿ずつ供される料理は、シェフ自らが乗車して仕上げるので、最高のタイミングで味わうことができる。料理とのペアリングでいただく信州ワインも、旅の行程を特別なものに彩ってくれること間違いなし。

POINT
"ろくもん"とは……？
上田市ゆかりの武将真田家の家紋・六文銭が由来。真田幸村が武具に用いた赤色がテーマ色。

POINT

"ろくもん"とは……？

上田市ゆかりの武将真田家の家紋・六文銭が由来。真田幸村が武具に用いた赤色がテーマ色。

Restaurant Car

豪華なコース料理…☆

1.長野発軽井沢着の和食プランや夜景プランなど多彩。途中乗降にも便利な指定席プランも 2.出発前に車体と一緒に記念撮影ができる 3.六文銭をモチーフにしたロゴマーク

信州プレミアムワインプランのメイン料理。内容は季節により異なる

1.3号車は対面式の2人用コンパート
メント。障子を閉めれば個室になる
2.集合場所は旧軽井沢駅舎 3.2号
車には窓に面したカウンター席とソ
ファ席が。浅間山の景色を楽しめる。
1号車には木のボールプールがあり、
ファミリーにおすすめ

START!

軽井沢 ——→ 中軽井沢 ——→ 信濃追分 ——→ 小諸

ろくもんラウンジに
集合して乗車!

集合は軽井沢駅の隣にある旧軽
井沢駅舎。食事付きプランの乗客は2
階の「ろくもんラウンジ」で出発まで
の時間を過ごす。

信州産フルーツ
ジュースのプレゼントも

歴代の天皇皇后両陛下も訪れた旧軽井沢
駅貴賓室の雰囲気を残すろくもんラウンジ

発車したら
お料理スタート

2

ほら貝の合図とともに軽井沢駅
を発車。ひと口サイズのアミュー
ズとシードルで乾杯!

1.1杯目は「いいづな
シードル」で乾杯!
2.パン&カマンベー
ルチーズと飯綱りん
ごカナッペ

1

前菜

水牛のモッツァレラ
海のオリーブオイルと
"マルドン産の塩"

生ハム&
サラミ&オリーブ

甘鯛の
エスカベッシュ

善光寺ぶどうと呼
ばれる"竜眼"とシ
ャルドネをブレン
ドした白ワイン「ア
ルカンヴィーニュ
ブラン2017」

©上田市マルチメディア情報センター

5

4

4.車窓から上田城が 5.信濃追分駅と小諸駅の間は浅間山を望むビューポイント 6.上田駅で停車中に記念写真を 7.丁寧にワインの説明をしてくれる

6

7

5周年記念ろくもんピンバッジ920円(左)、ろくもんオリジナルピンバッジ870円(右)

藤本つむぎ工房の上田紬のきんちゃく各1630円

ろくもん INFORMATION

信州プレミアムワインプラン
ろくもん3号 軽井沢→長野コース

運行時間　17:12軽井沢発
　　　　　→19:17長野着
運行日　月1回土曜日
　　　　（月により異なる）
料　金　1万5800円
予　約　乗車月の2カ月前の
　　　　1日からネットまたは電話で

☎ろくもん予約センター
0268-29-0069(土・日曜、祝日休)
MAP P.19 C-2(ろくもん集合場所)

GOAL!

田中 → 上田 → 戸倉 → 屋代 → 長野

信州ワインとお料理のコースをできたてで!

食事は前菜、スープ、メインの構成。車内でシェフが仕上げをするのでどれもできたて。信州素材を使った創作洋食と、地元ワイナリーの白・赤ワインを堪能。

メイン

信州産豚ロースの低温調理 飯綱町産りんごのソース

小諸市のマンズワインが誇るソラリスシリーズの赤ワイン「ソラリスユヴェンタージュ 2016」

スープ

新玉ねぎの冷たいポタージュ 黒胡椒のアクセント

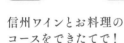

牡蠣のひとログラタン

長野県固有のぶどう品種"竜眼"を使用した白ワイン「長野竜眼2020」

軽井沢の「ミカドコーヒー」のコーヒー。ほうじ茶も

ビターな抹茶のテリーヌ 中野市産の白いちごを添えて

デザート

軽井沢スイーツは
カフェ＆テイクアウト店狙い。

絶対外せない老舗カフェや、最近話題のテイクアウト店など、
軽井沢ならではのスイーツが素敵なマストアドレスへ。

1.ベルガモットのティ オレ グラッセ1350円 2.クグロフの型で焼いたバナナケーキ950円

木立に囲まれたテラス席では鳥のさえずりも。店内はクラシックなインテリア

**まるで別荘のような
赤レンガ造りのカフェ**

一軒家
カフェ

カフェ ラフィーネ

中心地から少し離れた静かな別荘地にあり、木立の中のテラス席が最高。自家製ケーキやワイングラスでいただく紅茶orコーヒーのアイスオレが美味。

MAP P.19 C-2 ☎0267-42-4344 🏠長野県北佐久郡軽井沢町六本辻1663 🕐3月下旬～1月の11:00～18:00(LO17:30)、季節により異なる 🔒冬季(1月末～3月中旬頃)、不定休(夏季は無休) 🚃軽井沢駅から徒歩約15分

🫘 CAFE

老舗
ホテル

**ジョン・レノンも
愛した老舗カフェ**

万平ホテル カフェテラス

まんぺいホテル カフェテラス

創業120年以上のクラシックホテル内にあるカフェ。名物のアップルパイやミルクティーのほか、昔ながらのレシピで作る絶品ホテルスイーツが揃う。

MAP P.19 C-2 ☎0267-42-1234(万平ホテル代表) 🏠長野県北佐久郡軽井沢町軽井沢925 🕐9:30～18:00(季節により異なる) 🔒冬季休館あり 🚃軽井沢駅から車で約5分

ミルクティーは絶好飲むって決めてた。

1.昔ながらのカスタードプリン1000円 2.伝統のアップルパイ900円 3.復刻レモンパイ900円(手前)、ロイヤルミルクティー1100円

キャラメリゼしたクルミのタルト615円、ルバーブのコンフィチュール入りタルト540円など

信州フルーツを
ギュッと凝縮

tarte K
タルト ケイ

タルト

「体にいい軽井沢のおみやげを届けたい」との思いからオーナーの浜田さんがオープン。ガラスケースにディスプレイされた美しいタルトが6〜8種並ぶ。

MAP P.19 C-2 📞0267-31-5484 🏠長野県北佐久郡軽井沢町軽井沢480-7 🕐11:30〜17:00(売り切れ次第閉店) 🈺日・水曜(インスタグラムを確認) 📍軽井沢駅から車で約5分

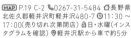

👜 TAKE OUT

カラフルすぎる〜

色鮮やかなシュー
クリームが看板商品

タルタニアン

シュークリーム

ケーキや焼菓子、パン、デリなどを揃えるフランス食品ブティック。ピエール・エルメ・パリでマカロンを担当したオーナーシェフが作るシュークリームは絶品。

MAP P.19 A-2 📞0267-31-6146 🏠長野県北佐久郡軽井沢町長倉2607-2 🕐10:00〜18:00(冬季は〜17:00) 🈺水曜(不定休) 📍中軽井沢駅から徒歩約15分

1 2 3

1.栗の甘煮を混ぜたクリーム入りのマロン230円 2.ジュレやペーストが入ったリンゴ230円 3.バニーユ(バニラ)220円

1

2

3

旧軽井沢銀座通り周辺
をおさんぽする。

メインストリートである旧軽井沢銀座通りには、話題のお店が集中！ レストランやカフェ、見学スポットなど何でもあり。

1.旧軽井沢ロータリーから始まる旧軽井沢銀座通り 2.ミカド珈琲のモカソフトが名物 3.レトロな公衆電話を発見 4.旧軽井沢銀座周辺には新緑が美しいおさんぽロードが多数

レトロな電話ボックス

旧軽井沢
ロータリー

Ⓐ　Ⓑ

Ⓒ

チャーチストリート軽井沢

1

ランチは自家製バンズを使ったSAWAMURA特製ハンバーガー1848円（数量限定）やカルツォーネ1650円〜が人気

焼きたてパンも♡

2

暮らしを彩る
セレクトショップ

Ⓐ coriss
コリス

ファッションアイテムやステーショナリー、食器、インテリアなど国内ブランド30以上のアイテムを集めた宝箱のような店。

MAP P.19 軽井沢中部 ☎0267-46-8425 ♥長野県北佐久郡軽井沢町軽井沢10-2 ⏰10:30〜18:30 休水曜（1〜3月は火〜木曜、7〜8月は無休）♥軽井沢駅から車で約5分

3

1.studio m'のプレート 各1320円 2.美濃和紙のポチ袋各330円 3.かつてカナダ人宣教師の別荘だった建物

ランチにもカフェにも
使えるレストラン

Ⓑ ベーカリー＆レストラン
沢村 旧軽井沢

ベーカリー＆レストラン
さわむら きゅうかるいざわ

小麦の風味を大切にした自家製酵母パンの店。野菜をふんだんに使ったパンに合う欧風料理を提供するレストランを併設している。

MAP P.19 軽井沢中心部 ☎0267-41-3777 ♥長野県北佐久郡軽井沢町軽井沢12-18 ⏰ベーカリー8:00〜20:00、モーニング8:00〜10:00、ランチ11:00〜16:00LO、ディナー16:00〜20:00LO（変動あり）休無休 ♥軽井沢駅から車で約5分

木立の中の
写真スポット

明治21(1888)年創設
のキリスト教会

Ｄ 日本聖公会
軽井沢ショー記念礼拝堂

にほんせいこうかいかるいざわショーきねんれいはいどう

木立の中にあり、カナダ人宣教師アレキサンダー・クロフト・ショーが創設した軽井沢初の教会。

MAP P.19 軽井沢中心部 ☎0267-42-4740
⌂長野県北佐久郡軽井沢町軽井沢57-1 🕐
🈺見学自由 🚉軽井沢駅から車で約7分

当初はショーの別荘が礼拝堂として使われ、現在の建物は大正11(1922)年に完成。常時開放され自由にお祈りができる

Ｄ

クラシックな
建物がステキ

旧軽井沢銀座通り

● ミカド珈琲　　● 軽井沢観光会館

ミカド珈琲の
モカゼリー

パリッ＆モチッな絶品クレープ

Ｃ クレープリー・アンジェリーナ
軽井沢本店

クレープリー・アンジェリーナ
かるいざわほんてん

オーナー羽生田さんが、注文が入ってから焼き上げるクレープ生地は、パリッ＆モチッとしたほかにはない食感。作りたてで常に新鮮な生クリームも絶品。

MAP P.19 軽井沢中心部 ☎0267-42-7502
⌂長野県北佐久郡軽井沢町軽井沢601-1 チャーチストリート軽井沢1F 🕙10:00〜18:00（季節により異なる）🈺不定休 🚉軽井沢駅から車で約5分

Ｅ

アール・ヌーボーやミュシャ作品のほか、オリジナル作品を展示。

1

軽井沢らしい
ステンドグラスを鑑賞

Ｅ ステンドグラスバロック
軽井沢ギャラリー

ステンドグラスバロック
かるいざわギャラリー

工芸家臼井定一氏が主宰するステンドグラス工房、バロックのギャラリー。オーダー専門の展示ギャラリーだが、無料で見学することができる。

MAP P.19 軽井沢中心部 ☎0267-42-3097
⌂長野県北佐久郡軽井沢町軽井沢旧軽井沢716 🈺GW、夏季の10:00〜17:00 ⌛冬季
💴無料 🚉軽井沢駅から車で約6分

2

1.フローラ700円 2.モンブラン600円。桃やぶどうなど信州産フルーツがのったクレープも

1

2

TRAVELNOTE

軽井沢の旅のまとめ。

TODO

🕐 SCHEDULE

10 AM — 軽井沢駅に到着！
新幹線でJR軽井沢駅に到着。駅前でレンタサイクルを借りて旧軽井沢銀座へ。

11 AM — 旧軽井沢銀座をブラブラ
メインストリートの旧軽井沢銀座で、食べ歩き＆おみやげ探し。

12 PM — ベーカリーカフェでランチ
旧軽井沢ロータリー近くの「ベーカリー＆レストラン 沢村 旧軽井沢」へ。

13 PM — セレクトショップで自分みやげをゲット
レストランからすぐの場所にあるセレクトショップ「coriss」へ寄り道。

14 PM — 軽井沢らしいステンドグラスを見に行く
軽井沢はステンドグラスが素敵な街！クラシックなデザインを鑑賞しに行く。

15 PM — 老舗ホテルのカフェへ
お目当ては「万平ホテル カフェテラス」のロイヤルミルクティー。

17 PM — レストラン列車でディナー
夕方発の観光列車「ろくもん」でディナークルーズを楽しみ、旅の締めくくり。

軽井沢ショーナ記念礼拝堂

P.15

教会やステンドグラスなどレトロな軽井沢を発見！

明治時代から避暑地として外国人宣教師に愛されてきた軽井沢には、西洋文化の影響を受けたクラシックな建物やデザインが多数。教会やホテルなど至るところに飾られている可愛いステンドグラス探しが楽しい！

至る所にステンドグラスが！

照明が素敵な一軒家カフェ、ラフィーネ

素敵なギャラリー発見!!

ステンドグラス バロック 軽井沢ギャラリー

P.15

T O EAT

タルタニアンの
シュークリーム♡

狙いはスイーツ！
軽井沢グルメを満喫しすぎる。

絶対外せないのは、ジョン・レノンがリ
クエストしたことから誕生したという
「万平ホテル カフェテラス」のロイヤル
ミルクティー！ SNSで話題のスイーツ
は、見た目だけでなく味も◎でした。

カフェ ラフィーネ　P.12

SWEETS

☑ 「万平ホテルカフェテラス」
　のミルクティーを体験。　P.12

☑ 「カフェ ラフィーネ」の
　ティ オレ グラッセでひと休み。　P.12

☑ 「タルタニアン」のシュークリーム
　をテイクアウト！　P.13

DINNER

☑ 「ろくもん」のコース料理
　でシメのディナー。　P.11

観光列車ろくもんで
信州グルメのディナー♪

万平ホテル
カフェテラス　P.12

T O BUY

可愛い一軒家ショップで
軽井沢らしいクラフト探し♪

カナダ人宣教師の別荘として造られた
木造建物が素敵な「coriss」で、自分へ
のごほうび探し。食器や雑貨、ファッシ
ョンアイテムなど、毎日が楽しくなるア
イテムの宝庫でした。

作家モノの
クラフトが多数！

coriss　P.14

GOODS

☑ 「coriss」のステーショナリー
　を大人買い♡　P.14

GOURMET

☑ 「ジャムの沢屋」のりんごジュース
　はミニサイズもあり！
　MAP P.19 軽井沢中心部

☑ 「tarte K」のパイ包みタルトは
　日持ち3日！（要冷蔵）
　P.13

軽井沢ちょっとハミダシINFO

星野エリアは まるで森の中の 小さな街でした！

中軽井沢駅の北に位置する星野エリアには、ラグジュアリーリゾートの星のや軽井沢をはじめ、複合施設のハルニレテラス、日帰りで利用できる温泉施設などが点在。川沿いの遊歩道での散策では自然を満喫できる。

商業施設

ハルニレテラス

100本以上のハルニレの木々が茂る川沿いに広がる複合施設。カフェやレストラン、ライフスタイルショップなど16の店が集まる。

MAP P.19 A-1 ☎050-3537-3553 ⬤長野県北佐久郡軽井沢町星野 ❶店舗により異なる 🏠無休 ⬤中軽井沢駅から車で約4分

ホテル

星野リゾート BEB5軽井沢

グループで気ままに過ごせる屋内外のパブリックスペースが素敵なカジュアルスタイルのホテル。

温泉

星野温泉 トンボの湯

大正時代に開湯した星野温泉の流れを汲む源泉掛け流しの日帰り温泉。露天風呂も。

動物

ピッキオ

自然あふれる"軽井沢野鳥の森"で、野鳥やムササビなどの生き物に出会える自然観察ツアーを開催。

軽井沢中心部は レンタサイクル が便利！

軽井沢駅から街の中心部である旧軽井沢銀座までは歩くと30分程度かかるので、レンタサイクルで移動するのがおすすめ。軽井沢駅前や街の中心部など各所にレンタルショップがあり、1日1500〜2000円程度で借りることができる。ホテルで貸し出しするところも。

1.昭和6(1931)年に建設された貴重な別荘建築、睡鳩荘(旧朝吹山荘) 2.バラの見頃は6月中旬〜9月下旬

まるで童話の世界のような 自然スポットを発見

塩沢湖のほとりに美術館やイングリッシュローズガーデン、レストランやショップが点在する自然豊かなスポット。ボートやテニスコートで体を動かせるほか、ちびっ子用の遊具も。

軽井沢タリアセン
かるいざわタリアセン

MAP P.19 A-3 ☎0267-46-6161 ⬤長野県北佐久郡軽井沢町大字長倉217 ❶9：00〜17：00(12〜1月は10：00〜16：00) 🏠施設により異なる ⬤800円 ⬤中軽井沢駅から車で約6分

レトロ可愛い 軽井沢駅の旧駅舎に 注目！

JR・しなの鉄道の軽井沢駅の隣にある旧軽井沢駅舎は、明治末期に建設された建物を復元。2017年からしなの鉄道の駅舎としても使用されている。

ベストシーズンはいつ？ イベントも。

12〜3月頃はオフシーズンで、休業する店も多い。6月にはハルニレテラスを100本の傘で彩るイベント「軽井沢アンブレラカイ」が開催される。

軽井沢町

A B C

N

1

血 セゾン現代美術館
♨ 千ヶ滝温泉
軽井沢野鳥の森
H 星のや軽井沢
M ピッキオ P.18
P.18 星野温泉 ♨ トンボの湯
M ハルニレテラス P.18
軽井沢高原教会 †
H 星野リゾート BEB5 軽井沢 P.18

浅間・白根・志賀さわやか街道
湯川

白糸 ハイランドウェイ

旧三笠ホテル
精進場川
三笠通り

緑のおさんぽロードがいっぱい↗
P.15 日本聖公会 軽井沢ショー記念礼拝堂 †
旧軽井沢ゴルフクラブ P.15
クレープリー・アンジェリーナ軽井沢本店
旧ゴルフ通り

右下図へ

つるや旅館 H
室生犀星記念館
H 万平ホテル
H 万平ホテル カフェテラス P.12

この一帯が星野エリア!

▲離山
雲場池
P.13 tarte K
P.12 カフェラフィーネ ● 六本辻
旧中山道
P.11 ろくもん集合場所
P.18 軽井沢駅旧駅舎
矢ヶ崎公園

軽井沢本通り
矢ヶ崎川

2

中軽井沢
18 しなの鉄道線
長倉公園
中軽井沢駅
軽井沢町役場
中山道
北陸新幹線
タルタニアン P.13
晴山ゴルフ場

軽井沢駅入口
軽井沢駅
● 軽井沢・プリンス ショッピングプラザ

追分信濃駅
高崎駅
18

佐久平駅
軽井沢千住博美術館 血
南ヶ丘美術館 血
軽井沢ゴルフ倶楽部
塩沢
軽井沢プリンスホテル・ゴルフコース
軽井沢バイパス

アウトレットなど200のお店が!

3

血 ル・ヴァン美術館
軽井沢絵本の森美術館 血
軽井沢タリアセン P.18
● アイスアリーナ
風越公園
南ヶ丘美術館

H ザ・プリンス軽井沢
43

軽井沢
0 0.5 1km
A

ACCESS
FOR KARUIZAWA

🚃 電車で行くなら。
東京駅から軽井沢駅まで北陸新幹線で約1時間

🚗 車で行くなら。
関越自動車道、上信越自動車道などで約2時間30分

▶ 軽井沢を上手に回るなら。
起点となるJR軽井沢駅から旧軽井沢銀座通りまでは徒歩で約30分なので、軽井沢駅でレンタサイクルを借りるのが便利。ハルニレテラスがある西側のエリアへはタクシーで約10分。駅や旧軽井沢など主要スポットを回れる町内循環バスも。

軽井沢中心部
0 100 200m

P.15 日本聖公会 軽井沢ショー記念礼拝堂 †

茜屋珈琲店
フランスベーカリー
水車の道
神宮寺 卍
H つるや旅館
ショー通り
P.15 クレープリー・アンジェリーナ軽井沢本店
● 軽井沢クリークガーデン
ブランジェ浅野屋
M ステンドグラスバロック軽井沢ギャラリー P.15
軽井沢聖パウロカトリック教会 †
聖パウロ教会前通り
● 軽井沢観光会館
室生犀星記念館
旧軽井沢café 涼の音
チャーチストリート
軽井沢
〒 軽井沢郵便局
● 軽井沢会テニスコート
P ● 軽井沢旧道店
町営旧軽井沢駐車場
トリックアート ミュージアム軽井沢
● ミカド珈琲
諏訪神社
P
旧軽井沢ロータリー
卍 青松寺
● 諏訪の森公園
H ベーカリー&レストラン沢村 旧軽井沢 P.14
ジャムの沢屋
P.14 coriss
tarte K P.13

万平ホテル カフェテラス P.12

レトロ可愛い
『熱海』へ。

#01 温泉街のレトロ喫茶が可愛すぎる。
#02 インスタで見たあの可愛いグルメをコンプリート。
#03 レトロ＆アートな熱海の名建築がすごいらしい。
#04 熱海駅前商店街を探索したい！

熱海は都心から約50分でアクセスできる温泉リゾート。温泉街とビーチが近く、夏は花火が楽しめる。明治・大正時代に保養地として発展したので、街には今も古きよきレトロな建物が。温泉・グルメ・まち歩きと、充実した1日を過ごせそう。

昭和43（1968）年創業
のサンバード（P.22）。
懐かしい空気が漂う店
内で、海を眺めながら
ゆっくりと過ごしたい

温泉街のレトロ喫茶が可愛すぎる。

明治時代に喫茶文化が花開いた熱海。昔懐かしくて思わず笑みがこぼれる、そんなレトロで個性的な喫茶店をめぐってみよう。

魅惑のプリン
アラモード☆☆

プリン、バニラアイスの周り
をバナナやリンゴが彩るプ
リンアラモード900円

海チカな建物の2階に
カフェ発見

ブルー&オレンジの
店内が可愛い!

海が見える窓際席を
キープ

定番のプリンアラモード
をオーダー

コレが
お目当て!

インテリアやカ
ウンターにある
"サンバード"の
ロゴが、なんと
もレトロ。ロゴ
入りのオリジナ
ルグッズも作っ
ている(P.31)

**海を見渡せる純喫茶の
定番スイーツがエモい!**

サンバード

レモンスカッシュやプリンアラモード
など、昔ながらのメニューを守り続け
る老舗喫茶。大きな窓から目の前の海
を望むことができる。

MAP P.33 熱海温泉街 ☎0557-81-3667
静岡県熱海市東海岸町2-15 ⏰9:00～15:00
水曜・木曜不定休 熱海駅から徒歩約15分

熱海駅前のにぎわいを眺めながら、のんびりランチタイム

レストラン
フルヤ

まん丸
オムライス!?

甘めのケチャップライスが特徴のオムライス950円。食後はクリームソーダ600円でまったり

昭和の雰囲気に浸れる
昔ながらの洋食屋さん

レストランフルヤ

60年以上にわたり熱海駅前で愛されている洋食レストラン&喫茶店。オムライスやポークジンジャー、ハンバーグなど、定番の洋食メニューがなんだかうれしい。

MAP P.33 熱海駅周辺 ☎0557-82-4048 ♠静岡県熱海市田原本町8-9 ⏰11:00～17:00 ⊘不定休 ♀熱海駅から徒歩約1分

ATAMI | RETRO TRIP | 熱海

昭和レトロ♪

フルヤの外観。カラフルなオーニングと料理サンプルが並んだショーケースが可愛い

店内は吹き抜けになっていて螺旋階段で2階へ

高さのある青い天井には、アンティークなシャンデリアが

丸いフォルムのオムライス。卵はしっかりかため

📋 **TRIP REPORT**

《 熱海の喫茶店は、新旧が織り交ざる不思議な空間でした。 》

明治時代以降、上野や銀座で流行した喫茶文化を持ち込んだのが、熱海の喫茶店ブームのはじまり。昭和初期まで保養地だった熱海には、都会から多くの財界人や文豪が集まり、彼らのニーズに合わせて喫茶店を含む最先端の流行やグルメを取り入れていた。バブル期を境に喫茶文化は衰退したものの、今も昔ながらのスタイルを守っているお店や、新しいスタイルを取り入れた老舗が残っている。この頃は"レトロさ"を売りにしたカフェやスイーツ店も出店ラッシュで、活気と人気が再燃中。街全体で新旧入り混じった新しい魅力を発揮している。

インスタで見たあの
可愛いグルメをコンプリート。

ぜいたくに
3種類！

牛乳ビンも
かわいぃ...!!

ピンクのカフェ♡

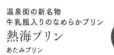

1.温泉＝お風呂にちなんだ風呂(ふろ)まーじゅプリン ベリー berry380円 2.プリンソフト450円 3.熱海の雰囲気に溶け込んだレトロな外観

1.いちごのクリームバーガー 430円 2.いちごがスイーツに変わるファクトリーをイメージした4階フロア 3.温泉まんじゅういちご串480円

1.ウニとろイクラミニ丼セット2398円 2.壁にはかわいい魚の絵が。ライトも浮き玉風 3.釜揚げシラスどっさり丼ぶり1518円

温泉街の新名物
牛乳瓶入りのなめらかプリン
熱海プリン
あたみプリン

プリン

熱海の温泉からヒントを得て、じっくりと丁寧に蒸し上げたシンプル＆懐かしい味わいのプリン専門店。温泉卵、温泉まんじゅうとコラボしたりと、熱海らしさが満載のメニューが大人気。

MAP P.33 熱海駅周辺 ☎0557-81-0720 🏠静岡県熱海市田原本町3-14 🕙10:00～18:00 無休 🚶熱海駅から徒歩約3分

カラフルでキラキラな
いちごスイーツ専門店
いちごBonBonBERRY
ATAMI HOUSE.
いちごボンボンベリー アタミハウス

いちご
アメ

いちごが主役の和洋スイーツを堪能できる、いちごスイーツの専門店。フロアごとにテーマが違う4階建ての店舗にはフォトスポットがいっぱい。

MAP P.33 熱海駅周辺 ☎0557-55-9550 🏠静岡県熱海市田原本町3-16 🕙10:00～18:00 無休※定休日がある場合はHPに掲載 🚶熱海駅から徒歩約2分

熱海ならではの
海鮮丼が味わえる
熱海駅前
おさかな丼屋
あたみえきまえおさかなどんや

海鮮丼

「熱海銀座おさかな食堂」が手掛ける、2020年オープンの海鮮丼専門店。見た目鮮やか、食欲をそそる種類豊富な海鮮丼が味わえる。

MAP P.33 熱海駅周辺 ☎0557-81-3339 🏠静岡県熱海市田原本町3-7 🕙10:00～18:00 無休 🚶熱海駅から徒歩約2分

海が近い温泉街・熱海には、おいしい海の幸が食べられる食堂
や、食べ歩きにぴったりな素敵グルメスポットがいっぱい！

中はクリーム
たっぷり

1.海鮮てっぺん丼2728円 2.店内でひときわ目
を引く伊豆名物・タカアシガニの生け簀 3.入り
口の大漁旗が目印！

1.カップワッフルいちご580円に、いちごクッキ
ー入りアイスをトッピング(+100円) 2.チョコカ
スタード400円 3.店内にはイートンスペースも

1.カスタード、抹茶、苺、塩キャラメルの数量限
定セット1500円 2.昭和モダンな雰囲気の可愛
い外観 3.塩キャラメル380円

作りたての魚料理が味わえる
海鮮エンターテインメント食堂
熱海銀座 おさかな食堂
海鮮丼

あたみぎんざおさかなしょくどう

熱海の海の幸と伊豆の食材をふんだんに
使った海鮮丼や定食などのランチメニュ
ーが食べられるお食事どころ。夜は「おさ
かな酒場」になる。

MAP P.33 熱海温泉街 📞0557-82-3715 🏠静
岡県熱海市銀座町8-8 🕙ランチ11:00 〜
14:00LO、酒場17:00 〜 22:00(食事21:00LO、飲
み物21:30LO) 🈶第3木曜(3・7月を除く) 🚉熱海
駅から徒歩約14分

食べ歩きにピッタリなサイズ感
ゴージャスでふわふわなワッフル
Merienda Tiempo feliz
ワッフル

メリエンダ ティエンポ フェリス

丹那牛乳や伊豆産のいちごなど、地元食
材をたくさん使ったワッフルの専門店。
サクふわ食感に可愛いサイズ感で、温泉
街の食べ歩きにぴったり。

MAP P.33 熱海駅周辺 📞0557-55-7979 🏠静
岡県熱海市田原本町3-22 🕙10:00 〜 17:00
🈶不定休 🚉熱海駅から徒歩約3分

ふんわりクリームがたっぷり詰まった
キューブ型シュークリーム
熱海スクエア シュークリーム
シュー クリーム

あたみスクエアシュークリーム

四角いシュークリームの専門店。毎朝工
房で焼き上げるシュー生地の中に戸
田塩、抹茶、橙(だいだい)など地元の食
材を使ったクリームがたっぷり。

MAP P.33 熱海駅周辺 📞0557-85-2221 🏠静
岡県熱海市田原本町3-6 🕙10:00 〜 17:00
🈶不定休 🚉熱海駅から徒歩約4分

ココはどこ!?

地下から美術館へ続くエスカレーターの途中。直径約20mの円形ホールに映し出された巨大な万華鏡

やるって
決めてること。

#03
ATAMI

レトロ＆アートな熱海の
名建築がすごいらしい。

熱海には、明治から残るクラシカルな別荘や有名建築家が手掛けた建物が点在する。ちょっと視点を変えて、建築めぐりの旅もいいかも。

館内にはトシ・ヨロイヅカのスイーツ店も。カシス800円

多彩な素材に彩られた
絶景美術館

MOA美術館
エムオーエーびじゅつかん

相模灘を見下ろす高台に立つ海の見える美術館。1982年開館、2017年リニューアル。貴重なコレクションはもちろん、漆や屋久杉など日本の伝統素材を使ったモダンな展示空間は必見。

MAP P.33 B-1 ☎0557-84-2511 ⌂静岡県熱海市桃山町26-2 ⏰9:30～16:30（最終入館16:00）⌂木曜（展示替え期間、祝日の場合は開館）◎1600円 ◉熱海駅から車で約5分

1

2

3

1.外壁や階段には、現在では輸入禁止になっている貴重なインド産砂岩を使用している
2.漆塗りのメインエントランスのドア。赤と黒のコントラストが格調高い
3.相模灘に浮かぶ初島や伊豆大島を一望できるメインロビーと光学ガラスのソファ

026

1.アール・デコを基調にしたステンドグラスと色鮮やかなタイルが美しいサンルーム 2.洋館「玉姫」の間 3.和室は各部屋ごとに群青、赤、紫など壁の色が異なるのも見どころ

ため息が出るほどの装飾美
贅を尽くした大正昭和の名邸
起雲閣
きうんかく

大正8(1919)年に実業家・内田信也が建造し、次いで根津嘉一郎が所有、戦後旅館として利用された別荘建築。和館、洋館、庭園があり、各時代の意匠を楽しめる。

MAP P.33 A-2 📞0557-86-3101 🏠静岡県熱海市昭和町4-2 🕘9:00〜17:00(最終入館16:30) 🈺水曜 610円 🚃熱海駅から車で約10分

1.屋根を支えるのは檜(やぐら)のような木の柱だけ。ボーダレスに周囲の景色が楽しめる 2.四方がガラス張りで屋根が浮いているよう!

ガーデンの景色に溶け込む開放的な庭園カフェ
COEDA HOUSE
コエダハウス

アカオハーブ&ローズガーデン(P.32)内にある建築家・隈研吾氏設計のカフェ。標高150mの高台に立ち、オーシャンビューの絶景が望める。

MAP P.33 A-3 📞0557-82-1221 🏠静岡県熱海市上多賀1027-8 🕘9:30〜16:00LO 🈺12月・1月の火曜 🉐アカオハーブ&ローズガーデン入園料1000〜1500円(時期により変動) 🚃熱海駅から車で約15分

 COLUMN

熱海のパワースポットとして
知られる来宮神社にお参り

熱海に来たら、1300年以上の歴史をもつ来宮(きのみや)神社(MAP P.33 A-1)も訪れたい。来福・来縁の神様として古くから信仰され、樹齢2000年以上の御神木・大楠は、屈指のパワースポットとして知られる。

1.本殿 2.御神木の大楠は天然記念物に指定されている

40年以上の歴史をもつ
正統派温泉まんじゅうの老舗

A いいらまんじゅう 阿部商店
いいらまんじゅう あべしょうてん

昭和35(1960)年から3代にわたり続いている温泉まんじゅう屋。ひときわ目立つ、大きな赤い提灯が目印。温泉まんじゅう屋のほかに伊豆・熱海の名産品も取り扱っている。

MAP P.33 熱海駅周辺 ☎0557-81-3731 ◎静岡県熱海市田原本町5-7 ◎9:30～17:30 ◎不定休 ◎熱海駅から徒歩約2分

温泉まんじゅう
ゲット😊

1.自家製のいいらまんじゅう180円。通常の温泉まんじゅうよりちょっと大きめサイズ 2 温泉まんじゅう80円

やるって
決めてること。
#04
ATAMI

熱海駅前商店街を
探索したい！

熱海駅の目の前にある仲見世商店街と平和通り商店街は、熱海きっての繁華街。おみやげを探しながら名物を食べ歩きしよう。

古民家をリノベした食堂カフェ
絶品のしらす丼は必食！

カフェ

B KICHI+
キチプラス

駿河湾産の新鮮なしらす丼を食べられる食堂カフェ。店内は、欄間や襖など味のある建具に囲まれ落ち着く雰囲気。桜海老としらすがのったピザトーストや、熱海の橙を使ったドリンクも人気！

MAP P.33 熱海駅周辺 ☎0557-82-8833 ◎静岡県熱海市田原本町6-11 ◎11:00～15:00 ◎水曜 ◎熱海駅から徒歩約1分

1.ゆでしらす、生しらす、桜エビがのった三色丼1300円 2.1階はモダンなカフェ風 3.徒歩1分ほどのところには手作りスイーツとコーヒーがいただけるCAFE KICHI(カフェキチ)(MAP P.33 熱海駅周辺)がある。

作家の手仕事を集めた
注目のセレクトショップ

ショップ

Ⓒ 基地 teshigoto
きち テシゴト

伊豆近郊や静岡県内から集めた丁寧な
手仕事を感じる雑貨、作家作品などを扱
うセレクトショップ。木工、陶器など繊
細な技で作られた品々にほれぼれする。

MAP P.33 熱海駅周辺 📞0557-48-7919
🏠静岡県熱海市咲見町12-10 🕚11:00〜
18:00 火・水曜 熱海駅から徒歩約5分

1.アンティークな商品棚が
かわいい店内 2.寄木細工
のおちょこ4950円 3.海
外作家の作品も。CORAL
&TUSKのクッション4万
2350円 4.看板が目印

熱海駅
ロータリー
足湯

ココが熱海駅前
平和通り商店街

熱海平和通り
商店街も！

店主が目と足で集めたおいしい野菜がずらり

野菜

Ⓓ REFS熱海
レフズあたみ

富士山麓の無農薬野菜や加工
品、雑貨などを販売している
八百屋。2階のキッチンでは、
取り扱っている食材を使用した
料理やドリンクを楽しめる。

MAP P.33 熱海駅周辺 📞
0557-48-6365 🏠静岡県
熱海市咲見町7-29 🕙10:30
〜18:00(金・土曜〜19:00)
※キッチンはHP参照 火曜
熱海駅から徒歩約5分

1.おしゃれな外観 2.3.店内には、店主
の小松さんが畑や生産地を訪ね歩い
て集めた野菜や商品がずらりと並ぶ

029

TRAVELNOTE

熱海の旅のまとめ。

鮮やかなブルーの海

TODO

⏰ SCHEDULE

9 AM - 熱海駅に到着！✨
都心から新幹線で約50分。駅が各所への起点なので不要な荷物はロッカーへ。

---

10 AM - MOA美術館でアート鑑賞
駅から循環バスで約5分。7基のエスカレーターを上った先には海を見渡す絶景。

---

11 PM - ランチはしらす丼
静岡県は日本有数のしらすの産地。熱海に来たら絶対食べるって決めてる！

---

13 PM - 大正ロマンが素敵な起雲閣を見に行く
鮮やかなタイル床のサンルームがお気に入り。レトロ建築も熱海の魅力のひとつ。

---

14 PM - サンビーチをおさんぽ
温泉街をバックにヤシの並木が続く白い砂浜のビーチはリゾートムード満点！

---

15 PM - 駅前商店街で食べ歩き＆おみやげ探し
駅前にある2つの商店街をぶらぶら。少し離れた所には熱海銀座商店街もある。

---

16 PM - レトロな喫茶店でひと休み
かつて一世を風靡した喫茶店ブームの名残で町には古きよき喫茶店がいっぱい。

サンビーチ

P.32

温泉リゾートな熱海はレトロ＆絶景でいっぱいでした！

熱海は日本屈指の温泉地。海に面した立地で、アートや歴史体験ができる施設のほか、吸い込まれそうなパノラマオーシャンビューを満喫できる絶景スポットも発見！ 海外リゾートのような熱海サンビーチは夜間にライトアップされ、ロマンティックな雰囲気に。

起雲閣 P.27

キュンとするレトロ感満載のお店がいっぱい

青い海と島々を満喫できる絶景スポットも！

T O EAT

おいしいものがありすぎる…！
海鮮丼ランチの後は温泉街で食べ歩き。

海が近い熱海の人気グルメといえば、名産のしらすをはじめ、新鮮
な海鮮料理や海鮮丼。近年、熱海にはプリンやワッフルなど新しい
スイーツのお店が開店ラッシュ中なので、おいしいものを少しずつ
食べ歩きしながら温泉街をぶらぶら歩いてみました♪

プリン持って海までおさんぽ♪

熱海プリン
P.24

KICHI + P.28

この看板が目印♪

LUNCH

☑ 「KICHI+」の三色丼で
しらす体験。 P.28

☑ 「熱海駅前おさかな丼屋」の
ミニ丼で丼をハシゴ。 P.24

SWEETS

☑ 「熱海プリン」を持って
ビーチへ！ P.24

☑ 「Merienda Tiempo feliz」
のワッフルが可愛いすぎる。 P.25

おみやげにも
うれしい
熱海の新名物！

熱海プリン
プリン専門店

新鮮な海の幸がたっぷり
のった贅沢海鮮丼！

T O BUY

定番の温泉まんじゅうも！
地元にフィーチャーした
おみやげを買いました。

定番のおみやげは名物の温泉まんじゅ
うや新名物のスイーツなど。地元作家
や生産者が作り出す工芸品や野菜など
の農産物、老舗のレトロ感を生かして
デザインされたおみやげも素敵でした。

「サンバード」のロゴ
をデザインした
トートバッグ1800円

基地 teshigoto P.29

GOODS

☑ 「基地 teshigoto」の工芸品
はあの人への贈り物。 P.29

☑ 「サンバード」のトートバッグ
は自分用。 P.22

GOURMET P.28

☑ おみやげは「いいらまんじゅう
阿部商店」の温泉まんじゅう。

☑ 「REFS熱海」の野菜も
忘れずゲット！ P.29

031

熱海ちょっとハミダシ**INFO**

バラやハーブの楽園 アカオハーブ&ローズガーデン。

名勝・錦ヶ浦の地形を利用して作られた庭園。約20万坪の園内に12種類のガーデンが設けられ、桜や菜の花、世界中から集められたバラやハーブが楽しめる。

アカオハーブ&ローズガーデン
[MAP] P.33 A-3 📞0557-82-1221 🏠静岡県熱海市上多賀1027-8 🕘9:00～17:00(最終入園16:00) 🈁12～1月の火曜 💰1000～1500円(時期により異なる) 🚗熱海駅から車で約15分

海に面した「オーシャンガーデン」には、空を飛んでいるような気分になれる空飛ぶブランコやCOEDA HOUSE(P.27)、など、フォトジェニックなスポットがいっぱい！

3階建てのビルに「伊豆・村の駅」「熱海コレクションA-PLUS」など36店舗が入る

おみやげ選びならココ！

熱海駅直結のショッピングセンター。名産品やグルメを扱う店舗が揃っているほか、熱海観光案内所もあるので、観光やおみやげ選びに便利。

ラスカ熱海
ラスカあたみ
[MAP] P.33 熱海駅周辺 📞0557-81-0900 🏠静岡県熱海市田原本町11-1 🕘9:00～20:00(一部店舗により異なる) 🚶熱海駅から徒歩約1分

ロープウェイで 熱海城へ。

錦ヶ浦の山頂に立つ観光施設。地下1階、地上6階建てで、場内には資料館、体験コーナーなどがある。6階のパノラマ展望天守閣からの絶景は必見。

熱海城
あたみじょう
[MAP] P.33 B-2 📞0557-81-6206 🏠静岡県熱海市熱海1993 🕘9:00～17:00(最終入場16:30) 🈁無休 💰1000円 🚗熱海駅から車で約10分

海抜100mの位置に建てられた熱海城。展望天守閣では、絶景とともに足湯も楽しめる！

名所めぐりに便利な 湯～遊～バスを使ってみる。

熱海の名所をめぐる循環バス。1日乗り放題のフリーきっぷは観光案内所や車内で購入可。2020年に和モダンな新車両「彩(いろどり)」が登場した。

湯～遊～バス
ゆうゆうバス
📞0557-85-0381(東海バス熱海営業所) 🕘9:00～16:30 ※時刻表はHPを確認 💰1日乗車券700円(1回乗車250円)

・3月27日より一部のダイヤ(1日12便)の運行を再開
・デザインの違うバスが代替運行する場合あり

白い砂浜、ヤシの並木が広がるビーチ。

熱海サンビーチは熱海市内に3カ所ある海水浴場のうち、一番メジャーなビーチ。夜は日本初であるビーチのライトアップを毎晩実施している。

熱海サンビーチ
[MAP] P.33 B-1 📞0557-86-6218(熱海市公園緑地課維持管理室)

商店街の営業時間は？

店舗により異なるが、17時を目安に閉店時間を迎える。人通りの少ない日はもっと早く閉める場合もあるので要注意！

A P.26 MOA美術館血　小田原駅　B 湯河原駅　C 熱海

0　100　200m

熱海市

来宮駅

熱海駅

東海道新幹線

右図へ

H ホテルリゾーピア熱海

1

P.27 来宮神社

三島駅

東海道本線

相模湾

来宮駅

(11)

(20)

お宮の松

熱海サンビーチ P.32

ホテルミクラス

熱海市役所

熱海親水公園

右下図へ

ホテル、飲食店が多数の温泉街

熱海ふふ H

初川

P.27 起雲閣

星野リゾート
リゾナーレ熱海

山田湯

熱海海浜公園

マリンスパあたみ

あたみ石亭

熱海ロープウェイ

2

ホテルミクラス

P

P.22 サンバード

H

ニューフジヤ
ホテル

熱海プリン
カフェ2nd

糸川遊歩道

東海岸町

熱海親水公園商店街

熱海七湯 河原湯

釜鶴ひもの店

熱海銀座
おさかな食堂 P.25

熱海親水公園

2

熱海トリックアート迷宮館

P.32 熱海城

熱海
秘宝館

ホテル
ニューアカオ

熱海市役所

うまい鮨勘

二三寿司

糸川

(135)

熱海温泉街

0　100m

HIRAMATSU HOTELS & RESORTS H

錦ヶ浦

中央町

伊東線

(135)

丘の上の
人気スポット！

アカオビーチリゾート

3

P.32 アカオハーブ＆
ローズガーデン

3

P.27 COEDA HOUSE

伊東駅

A

H UMITO VOYAGE
ATAMI

熱海駅周辺

0　50　100m

東海道新幹線

熱海駅

熱海駅前
バスターミナル

P.23 レストランフルヤ

家康の湯
（足湯）

ラスカ熱海 P.32

P.28 いらまんじゅう 阿部商店

熱海駅前
温泉浴場

P.24 熱海駅前おさかな丼屋

熱海
大観荘

P.25 熱海スクエア
シュークリーム

伊東園ホテル 熱海館

KICHI + P.28

CAFE KICHI P.28

熱海プリン P.24

熱海温泉
湯宿一番地

P.25 Merienda
Tiempo feliz

田原本町

月の栖
熱海聚楽ホテル

P.24 いちご Bon Bon
BERRY ATAMI HOUSE.

東海道本線

熱海温泉
さくらや旅館

基地 teshigoto P.29

REFS熱海 P.29

熱海
ビーチライン

(135)

熱海パールスターホテル H

ACCESS
FOR ATAMI

電車で行くなら。

東京駅から熱海駅まで東海道新幹線で約50分

車で行くなら。

東名高速道路、小田原厚木道路で約1時間30分

▶路線バス・循環バスが充実。

都内から新幹線で1時間以内。駅前に温泉街、商店街が広がる。市内をめぐるなら、熱海の名所を巡回する「湯〜遊〜バス」が便利。路線バスも使いやすい。バスでアカオハーブ＆ローズガーデンがある南側エリアへは約15分、サンビーチへは約3分。

カフェと寺町さんぽの

『鎌倉』へ。

#01 鎌倉のマイベストカフェを決める。

#02 長谷エリアでおやつさんぽ。

#03 可愛すぎる鎌倉スイーツをパクッ。

#04 鎌倉駅周辺で雑貨めぐり。

歴史ある寺社や由比ヶ浜の自然に彩られ、のんびりとした空気が漂う鎌倉。路面電車の線路脇や細い路地には、素敵なカフェやレストランが佇んでいます。鎌倉駅から江ノ電に乗って、小旅行に出掛けてみては？

ビストロの「アコテ材木座」（P.36）では、季節替わりのフルーツパフェが人気。ランチと合わせて楽しんで

鎌倉のマイベストカフェ を決める。

古民家カフェや話題のスイーツカフェなど、素敵なお店が急増中の鎌倉で、お気に入りの一軒を探してみては？

季節のフルーツパフェはマスト！

苺とピスタチオとココナッツのパルフェ 1760円。いちごのシャンティやメレンゲなどトッピングもすべて手作り

1.材木座の住宅街にあり、静かな雰囲気が魅力。オーナー夫妻が手作りしたクラシックな空間も素敵 2.パリのビストロのような外観が目印！

月替わりのパルフェがお目当て！

ビストロカフェ

アコテ材木座
アコテざいもくざ

ブラッスリーVIRONで腕を磨いたオーナー夫婦が2019年にオープン。フランスの郷土料理や焼きたてのパン、焼き菓子を提供するビストロ＆パティスリー。

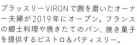

MAP P.47 C-3 ☎0467-50-0452 ♥神奈川県鎌倉市材木座3-13-17 🕐11：30～16：30(14：30～はパフェ、ケーキのみもOK)、テイクアウトは10：00～18：00 ⊗水～金曜 ♥和田塚駅から徒歩約15分

古民家でランチ品

1,2.ランチの茶房膳3300円。6種の小皿料理にご飯、味噌汁、飲み物、デザート2品がセットに

3,4.デザートは季節替わりの8種から選べる。写真はガトーショコラと桜のブラマンジェ

線路脇の隠れ家的な
古民家カフェ

茶房 空花
さぼう そらはな

和カフェ

季節の草木が茂る中庭と江ノ電を望む店内で、地元・湘南や鎌倉の素材を使った日本料理を提供する。夏季限定のフルーツたっぷりかき氷も人気。

MAP P.47 B-2　☎0467-55-9522　神奈川県鎌倉市由比ガ浜2-7-12-22　11:30 ～ 22:00(LO21:00)　不定休　和田塚駅から徒歩約2分

長谷駅からすぐの
焼き菓子のお店

EKIYOKO BAKE
エキヨコ ベイク

スコーン

約20種類の焼き菓子はすべて店内で手作り。スパイスやハーブ、リキュールを使った甘過ぎない大人のスイーツが揃う。ほうじ茶ラテ620円などドリンクも。

MAP P.47 A-3　☎0467-37-9891　神奈川県鎌倉市長谷2-14-11　10:00 ～ 17:30　無休　長谷駅から徒歩約1分

1.あんバタースコーンサンド500円と苺と桜のスコーンサンド550円 2.テイクアウトも可能

1

2

3

1.3.「鎌倉大仏」として知られる高徳院の阿弥陀如来坐像は国宝 2.江ノ電の長谷駅 4.初夏のバラと歴史建築が美しい「鎌倉文学館」5.6.アジサイの名所として知られる「長谷寺」

長谷エリアでおやつさんぽ。

鎌倉大仏や長谷寺などの歴史的な観光スポットで知られる長谷駅周辺は、和なスイーツも魅力。

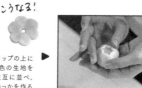

1 和菓子専門店で手作り体験&試食♪

そんな

鎌倉の四季を映した生菓子が評判の和菓子店では、初心者でもOKの体験教室を週に4回開催。レクチャーを受けながら和菓子作りができるほか、店舗での和菓子（1個540円）の購入も可能。

体験INFORMATION
和菓子体験教室
開催日時　水・金・土・日曜の10:00～、14:00～
　　　　　（所要約45分）
料金　　　2900円
予約　　　予約制。専用サイトから
　　　　　（https://temari.info/lesson/）

お花みたい♪

コレを作ります！

そしてこうなる。

1
白あんに求肥を混ぜたベースの生地を練り、均等に分ける

こうなる！

2
ラップの上に3色の生地を交互に並べ、輪っかを作る

3
生地の上に白あんを置き、回転させながらそっと包む

4
三角ベラを使い、表面に縦線を入れる。線が等間隔になるように

5
練り切りでできた花型パーツをのせ、飾りの花芯をのせる

6
1回の体験で3つ作れる。作ったお菓子は試食可能。パックに入れて持ち帰ることも

完成～

鎌倉創作和菓子 手毬
かまくらそうさくわがし てまり

MAP P.47 A-3　☎0467-33-4525　神奈川県鎌倉市坂ノ下28-35　物販・茶寮11:00～16:00　月・火、木曜　長谷駅から徒歩約10分

4 5 6

2 名物の大仏焼きをパクッ

^{さんば}

「鎌倉大仏」をかたどったアイコニックな大仏焼き各250円に熱視線が集中! 粒あん、抹茶皮、シナモンアップルなど季節モノの3種類。

お店は階段を上がった2階。パラソルのあるテラス席か店内を選べる

m's terrace Kamakura
エムズ テラス カマクラ

大通りから少し離れた静かな立地にありくつろげるカフェレストラン。名物の大仏焼きは独特のモチモチ感が美味! そば粉のガレット1200円などランチも。

MAP P.47 A-2 📞046-795-1162 🏠神奈川県鎌倉市長谷3-2-9-1 🕚11:00～日暮れまで 🚫月・火曜(祝日は営業) 📍長谷駅から徒歩約5分

3 大仏クレープがお目当て!

^{さんば}

キュートな大仏ビスケットがトッピングされたクレープがSNSで大人気! 季節のフルーツや生クリームもたっぷり。

KANNON COFFEE kamakura
カンノン コーヒー カマクラ

長谷寺に続く参道の脇にあり、テイクアウトメインのコーヒー＆お菓子のスタンド。大仏クレープ810円は季節のフルーツやナッツを使い、常時3種類用意。

MAP P.47 A-2 📞0467-84-7898 🏠神奈川県鎌倉市長谷3-10-29 🕙10:00～18:00 🔓無休 📍長谷駅から徒歩約3分

📄 **TRIP REPORT**

長谷はスイーツホッピングが楽しいエリアでした。

鎌倉駅から江ノ電に乗って、鎌倉大仏(高徳院)と長谷寺という二大寺院のある長谷へ。長谷駅からゆるやかな坂道を上がり、鎌倉大仏方面を目指すと、大通りの脇道に素敵なカフェやテイクアウトスイーツの店があり、寺院を回りながらのカフェめぐりが楽しい。長谷駅から鎌倉大仏方面とは反対側に歩くと、歩いて5分ほどで由比ヶ浜に到着。天気のいい日は、おやつを片手にぽっかりと浮かぶ江ノ島を眺めながら、海辺をおさんぽするのが◎。由比ヶ浜のそばにある和菓子店で、鎌倉らしい和菓子の手作り体験をしてみては?

可愛すぎる
鎌倉スイーツをパクッ。

鎌倉駅周辺には、鎌倉らしい和スイーツ店やカフェが集結。
人気店の名物スイーツを食べ比べしてみて。

パクッ

カラフルなお団子をテイクアウト。

みたらしは定番◇◇

1.紫陽花団子240円と春限定の桜餡190円 2.栗餡190円 3.みたらし130円

お団子

シーズン限定のお団子も登場！

さくらの夢見屋 小町通り本店
さくらのゆめみや こまちどおりほんてん

小町通り沿いにあるお団子店。みたらし、いそべのほか、抹茶餡や桜餡などのカラフルなお団子が全部で18種類ほど。小さなイートインスペースも。

MAP P.47 C-1 ☎0467-25-3815 ♨神奈川県鎌倉市小町2-7-34 ⏰10:00〜17:30（土・日曜、祝日は9〜18:00）🈳無休 ♨鎌倉駅から徒歩約3分

おさんぽのお供に

大仏のイラストが特徴のほうじ茶ラテ500円。抹茶ラテ500円もある

ほうじ茶でほっとひと休み。

クッキーや生チョコなどトッピングまでほうじ茶尽くし。タルトがのったパフェタルトセットは800円

お茶スイーツ

ほうじ茶スイーツ専門店で"パフェ活"

ほうじ茶STAND -鎌倉-
ほうじちゃスタンド かまくら

長谷で人気のほうじ茶スイーツ専門店が小町通りにお引っ越し。ボトル入りのほうじ茶ラテのほか、プリンやパフェ、アイスなどのお茶スイーツが揃う。

MAP P.47 C-1 ☎なし ♨神奈川県鎌倉市小町1-7-6 ⏰10:00〜17:00 🈳不定休 ♨鎌倉駅から徒歩約3分

富士山プリンが食べてみたい！

プリンがソフトに!?

1.ふんわりと生クリームがのった富士山プリン710円 2.鎌倉プリンソフトクリーム660円

プリン

プリンをはじめスイーツやランチも

CAFÉ DE FLEUR
カフェ ドゥ フルール

小町通りにあり、ドライフラワーが飾られたボタニカルな店内が素敵。卵感しっかりのプリンが名物で、向かいのお店でテイクアウトも可能。

MAP P.47 C-1 ☎0467-38-6868 ♨神奈川県鎌倉市小町2-7-30 ⏰11:00〜18:00 🈳無休 ♨鎌倉駅から徒歩約5分

涼しげな
和のスイーツに夢中♡

和スイーツ

静かに憩える
和カフェ

豊島屋菓寮 八十小路
としまやかりょう はとこうじ

小町通りから路地に入ったところにある、鳩サブレーで有名な豊島屋の甘味処。オーダーが入ってから作る本わらび餅800円など和スイーツのほか軽食も。

MAP P.47 C-1 ☎0467-24-0810 ♦神奈川県鎌倉市小町2-9-20 ⏰10:30～17:00（季節により異なる）♦火・水曜（祝日は営業）♦鎌倉駅から徒歩約4分

夏季限定

3

1.豆羹600円は黒蜜か白蜜を選べる 2.抹茶あんと白玉の翡翠白玉700円 3夏季限定で氷水700円などのかき氷も登場！

1

チョコレート

鎌倉生まれの
チョコレート専門店

MAISON CACAO
鎌倉小町本店
メゾン カカオ かまくらこまちほんてん

コロンビアにある自社農園で育てた香り豊かなカカオを使い、製造・販売まで手掛けるチョコレートブランド。香りを大切にした"アロマ生チョコレート"はバリエ豊富。

MAP P.47 C-1 ☎0467-61-3307 ♦神奈川県鎌倉市小町2-9-7 ⏰10:00～18:00 ♦無休 ♦鎌倉駅から徒歩4分

チョコレートドリンクも♬

新感覚の
"アロマ生チョコレート"！

1.生チョコッペ ビター648円 2.生チョコッペ あまおう972円 3.アロマ生チョコレートPASSION2592円

3

ジェラート

サステナブルな
季節のジェラートが評判

GELATERIA SANTi
ジェラテリア サンティ

細い路地の奥にあるジェラート専門店。湘南をはじめ、地元の素材を使った季節ごとのフレーバーが随時登場。本場イタリアの味を楽しめる。

MAP P.47 C-2 ☎なし ♦神奈川県鎌倉市御成町2-14 ⏰12:00～17:00(土・日曜は11:00～)、11～4月は12:00～日没 ♦無休 ♦鎌倉駅から徒歩約2分

鎌倉御成通りの看板が目印。テイクアウト専門だが、店の裏手に小さなイートインスペースもある

本場イタリアのナチュラルジェラート。

自然派ジェラート

1.横須賀の嘉山農園のいちごを使ったフラーゴラ 2.自家焙煎したシチリア産ピスタチオ。ダブル550円～

041

まるで
世界旅行!?

やるって
決めてること。
#04
KAMAKURA

鎌倉駅周辺で雑貨めぐり。

鎌倉駅周辺には、雑貨ラバーの心をくすぐるショップが多数。
個性的なセレクトが光る雑貨店をチェックして。

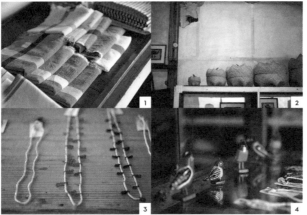

1.インドのブロックプリントなどアジア各地のテキスタイル880円〜も 2.大きさのバリエーションが豊富な編みカゴ2200円〜 3.アンティークのビーズで作るネックレス6840円〜 4.木彫りの鳥のオブジェ500円〜

カラフルな刺繍が特徴の、ラオスの布財布。各4180円

アジア
雑貨

世界各地の
雑貨が集まる

chahat カマクラ

チャハット カマクラ

オーナーがインドやネパール、アフガニスタンなどの旅先で出合ったアパレル、テキスタイル、アクセサリー、雑貨、食品などを揃えるセレクトショップ。

MAP P.47 C-1 ☎0467-61-2272 🏠神奈川県鎌倉市御成町13-31 🕚11:00〜19:00 🏠水曜 🚶鎌倉駅から徒歩約3分

カラフルな大仏!?

レトロ雑貨

**"小鳥"がテーマの
キッチュな雑貨たち**

コトリ

住宅街にある小さなショップ。小鳥を
モチーフにしたオリジナルアイテムの
ほか、カラフルなステーショナリーは
バリエーション豊富。

MAP P.47 C-2 📞0467-40-4913 🏠神奈
川県鎌倉市大町2-1-11 🕚11:00～18:00
📅月曜不定休 📍鎌倉駅から徒歩約7分

大仏のポストカード
165円は色違いも

ぽち袋に入ったコトリ
謹製コトリ飴198円

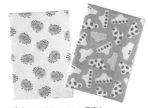
デザインのバリエーション豊富な
封筒3枚入り363円

大仏モチーフの
2種類のふせん
440円

旅の日記660円。
中は自由に使える
方眼

北欧雑貨

**北欧雑貨が揃う
小さなショップ**

ピエニ・クローネ

オーナーが現地で買い付けたスウェー
デンの雑貨やムーミングッズ、
北欧各地のヴィンテージクロスな
どが並ぶ。店内の一角ではハンカ
チ展などのイベントも随時開催。

MAP P.47 C-2 📞0467-25-0847 🏠
神奈川県鎌倉市御成町5-6 1-C 🕚
10:30～18:00 📅水曜 📍鎌倉駅か
ら徒歩約2分

スウェーデンから直輸入
するメラミンボウル
各1265円

北欧らしい柄が可愛いコットンの
ハンカチ各1050円

グルメみやげも

スウェーデンから
直輸入のミルクピ
ッチャー 2310円

グルテンフリーの
カレールー770円。
新潟県のメーカー

スウェーデンの伝統工芸品、ダーラナ
ホースのオーナメント各770円

TRAVEL NOTE

鎌倉の旅のまとめ。

🕐 SCHEDULE

9 AM ・鎌倉駅に到着！
JR鎌倉駅に着いたら東口へ。鶴岡八幡宮の参道である若宮大路を目指す。

10 AM ・まずは鶴岡八幡宮にお参り
鎌倉初代将軍源頼朝ゆかりの神社。境内にミュージアムもあり見ごたえ◎。

11 AM ・小町通りでおいしいもの探し
鶴岡八幡宮からすぐのメインストリートには、話題のお店が集結！

12 PM ・和カフェでランチ
鎌倉らしい古民家レストラン「茶房 空花」で本格和食ランチ♪

13 PM ・江ノ電で長谷へ
江ノ電鎌倉駅はJR鎌倉駅のすぐ隣。長谷駅までは3駅4分で到着！

14 PM ・和菓子作りに挑戦してみる
見た目も華やかな和菓子を求めて「鎌倉創作和菓子 手毬」へ。手作り体験も可能。

15 PM ・長谷エリアをおさんぽ
お寺や文学館などの見どころが点在する長谷。カフェなど休憩スポットもアリ。

TODO

鎌倉大仏！

長谷はお寺めぐりも楽しいエリアです。

長谷駅の北側には、高徳院（鎌倉大仏）と、"花の寺"として知られる長谷寺の2大スポットが。また、光則寺には、樹齢200年といわれるカイドウの古木も。古都らしい雰囲気が感じられるエリアです。

のんびり歩いていきましょう

海のほうに歩いて15分‥‥

和菓子作りも体験できました！

静かな住宅地にある「鎌倉創作和菓子 手毬」では、和菓子を購入できるほか、体験教室も。職人さんが丁寧に教えてくれるので、初めてでも簡単に作ることができました。

季節の練り切りを作ります

鎌倉創作和菓子 手毬

P.38

T☺EAT

クレープにお焼きも!

m's terrace kamakura

P.39

大仏スイーツが可愛すぎ!

大仏が有名な鎌倉には、大仏をモチーフにしたアイコニックなスイーツが。「m's teracce Kamakura」では、3種類の大仏焼きをイートインで。「KANNON COFFEE kamakura」ではクレープに大仏クッキーのトッピングができちゃいます。

大仏クレープは鎌倉店限定

和スイーツ♡

豊島屋菓寮 八十小路

P.41

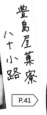

SWEETS

☑ 「m's terrace Kamakura」の大仏焼きはマスト。 P.39

☑ 「KANNON COFFEE kamakura」の鎌倉店限定クレープが可愛い。 P.39

☑ まるでアートな「アコテ材木座」のパフェ。 P.36

☑ 新感覚!「EKIYOKO BAKE」のスコーンサンド。 P.37

豊島屋本店で買えるハトグッズ

鳩サブレー

鎌倉カフェで見つけたおいしいものたち...🐷

EKIYOKO BAKE

P.37

アコテ材木座 P.36

茶房 空花の日替わりスイーツ♡

素敵なカフェが急増中です

歴史の町・鎌倉ですが、実はおしゃれな雰囲気のカフェも多数。江ノ電長谷駅前にできた「EKIYOKO BAKE」のスコーンサンドや、フレンチビストロ「アコテ材木座」のシェフによる手作りパフェなど、鎌倉カフェにニューウェーブが到来している予感!

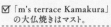

鎌倉ちょっとハミダシ INFO

古都・鎌倉を感じる 神社めぐりなら。

康平6(1063)年に源頼義が京都・石清水八幡宮を由比ヶ浜にお祀りしたことが始まり。鎌倉のメインストリート、若宮大路を参道とし、春は桜、夏は蓮、秋は紅葉など、四季折々の景色が美しい。

鶴岡八幡宮
つるがおかはちまんぐう

MAP P.47 C-1 ☎0467-22-0315 ☗神奈川県鎌倉市雪ノ下2-1-31 ⏱5:00〜21:00(10〜3月は6:00〜21:00)※現在は〜20:00、ミュージアムやカフェは施設により異なる 🔒無休 ◉参拝無料 ◉鎌倉駅から徒歩約10分

鎌倉駅周辺でランチするならココ！

大磯の人気店が鎌倉に移転。ベトナム料理のフォーが絶品で、定番のチキンのほか、ベジタブルや日替わりも。各950円。

Pho RASCAL
フォー ラスカル

MAP P.47 C-2 ☎0467-25-1238 ☗神奈川県鎌倉市小町1-15-5 ⏱11:00〜17:00 🔒日・月曜 ◉鎌倉駅から徒歩約3分

海が目の前の 材木座テラスへ。

カフェやサーフクラブ、ショップ、ホテル、シェアオフィスを擁する複合施設。レストランのSEASONSとGood Morning Zaimokuzaはオーシャンビューが魅力。

材木座テラス
ざいもくざテラス

MAP P.47 B-3 ☗店舗により異なる ☗神奈川県鎌倉市材木座5-8-25 ⏱店舗により異なる ◉和田塚駅から徒歩約12分

お庭が素敵な文学館があるんです。

川端康成、夏目漱石、芥川龍之介など鎌倉ゆかりの文人の直筆原稿や愛用品を展示。国登録有形文化財である旧前田侯爵家の別邸を利用した建物やローズガーデンも見どころ。

ステンドグラスがモチーフのしおりなどグッズも

鎌倉文学館
かまくらぶんがくかん

MAP P.47 B-2 ☎0467-23-3911 ☗神奈川県鎌倉市長谷1-5-3 ⏱9:00〜17:00、10〜2月は〜16:30(最終入館は30分前) 🔒月曜、展示替え期間 ◉展覧会により異なる ◉長谷駅から徒歩約8分

お花のシーズンをチェック。

自然あふれる鎌倉は、四季を通して楽しめる。春の桜、秋の紅葉のほか、5月下旬〜7月上旬頃が見頃のアジサイ、12月下旬〜1月下旬頃のスイセンも見どころ。

©鎌倉市観光協会

鎌倉

0　150　300m

N

A　B　C

銭洗弁財天

佐助稲荷神社

鎌倉市

▶北鎌倉駅
卍浄光明寺

英勝寺卍
源氏山公園
源氏山
卍寿福寺

P.46 鶴岡八幡宮

八幡宮前
204

P.40 CAFÉ DE FLEUR
鎌倉歴史文化交流館
P.40 さくらの夢見屋 小町通り本店
P.41 MAISON CACAO 鎌倉小町本店
P.42 chahat カマクラ
P.40 ほうじ茶STAND -鎌倉-

卍妙隆寺

豊島屋菓寮
八十小路 P.41

小町通りに
人気店が集中！

鎌倉駅

鎌倉市役所
御成小
御成中

鎌倉駅入口
鎌倉郵便局

卍本覚寺

P.41 GELATERIA SANTi
P.43 ピエニ・クローネ

下馬

Pho RASCAL P.46

大仏切通

卍高徳院（鎌倉大仏）

32

P.46
鎌倉文学館
m's terrace Kamakura P.39

P.37 茶房 空花

第一小

鎌倉女学院

滑川

コトリ P.43

卍別願寺
卍安養院

311

卍上行寺

KANNON COFFEE kamakura P.39

光則寺卍
長谷寺（長谷観音）卍

311

長谷観音前

和田塚駅

鎌倉警察署

横須賀線

逗子駅

極楽寺駅

P.37 EKIYOKO BAKE

長谷観音前

卍御霊神社

長谷駅

由比ヶ浜駅

江ノ島電鉄

134

鎌倉海浜公園

21

鎌倉消防署

長勝寺卍

滑川

由比ヶ浜

夏は
海水浴場に

鎌倉創作和菓子 手毬 P.38

相模湾

材木座テラス P.46
アコテ材木座 P.36

九品寺卍

九品寺前

海浜公園　A　　B　　C

KAMAKURA ― CAFE TRIP ― 鎌倉

ACCESS
FOR KAMAKURA

🚃 **電車で行くなら。**

東京駅から鎌倉駅までJR横須賀線で約1時間

🚗 **車で行くなら。**

都内から首都高速などで約1時間

▶ **基本は徒歩で、江ノ電や路線バスも。**

飲食店やショップは鎌倉駅周辺に集中。鎌倉大仏や
由比ヶ浜の最寄り駅である長谷駅へは江ノ電を利用
し、駅からは徒歩で回ることができる。駅から離れ
た住宅地にある店へは路線バスが便利。

美しくて新しい『箱根』へ。

#01 発見だらけの美景ミュージアムへ。

#02 箱根発 "ローカルガストロノミー" がスゴイと聞いて。

#03 箱根登山電車でグルメホッピング。

#04 芦ノ湖周りのMUSTスポットめぐり。

東京都

★

神奈川県

新宿から箱根まではロマンスカーで約1時間30分。箱根には、箱根七湯と呼ばれる泉質や効能もさまざまな温泉が湧き出していて、日帰りでも楽しいスポットが多数。登山電車でのんびり温泉旅を楽しんでみては？

箱根ラリック美術館
（P.50）では、オリエント
急行のサロンカーで優雅
なティータイムを楽しめる

ラリックが手掛けた
オリエント急行も必見！

箱根ラリック美術館
はこねラリックびじゅつかん

仙石原にあり、フランスのジュエリー
作家でガラス工芸家のルネ・ラリック
の作品を展示するミュージアム。展示
作品数日本最多を誇るラリック・コレ
クションは必見。

MAP P.61 A-3 ☎0460-84-2255 ●神奈川
県足柄下郡箱根町仙石原186-1 ●9:00〜
17:00(最終入館16:30) ●無休(展示替えの
臨時休館あり) ●見学料1500円、サロンカー
でのティータイム2200円 ●箱根登山鉄道箱
根湯本駅からバスで約30分、バス停仙石案内
所前から徒歩約1分

全部が美術品みたい！

ミュージアムを見学！

木立に囲まれた
ミュージアムへ！

▼

ラリックがオブ
ジェとしてとら
えた花器や香水
瓶やジュエリー
が見どころ。

▼

七宝が美しいブロ
ーチ、〈シルフ
ィード(風の精)〉
は蝶の羽をまと
った女性がモチ
ーフ。

▼

睡蓮など四季折
々の花々を楽し
めるサロン・ド・
サラ。

📄 **TRIP REPORT**

《 オリエント急行のサロンカーは 》
《 非日常感がスゴイ美空間でした！ 》

併設されたカフェ・レストラン内にはラリック
が内装を手掛けたオリエント急行のサロンカー
が展示されている。150枚以上のガラスパネル
が美しい車内で、ティータイムを楽しめるとい
う貴重な体験が可能！(予約時間10〜16時。詳
しくは現地にて要問い合わせ)

発見だらけの
美景ミュージアムへ。

数多くの美術館があることで有名な箱根。思わず写真を撮りたくなる、驚きがいっぱいのフォトジェニックなミュージアムへ。

フォトスポットが点在する
森の中のミュージアム
彫刻の森美術館
ちょうこくのもりびじゅつかん

箱根の山々を見渡す約7万㎡の庭園に、ロダンやムーアなど近現代の彫刻作品が屋外展示されている。約300点のピカソ作品を順次公開するピカソ館も。

MAP P.61 B-2 ☎0460-82-1161 ◉神奈川県足柄下郡箱根町二ノ平1121 ◷9:00〜17:00(最終入館16:30) 🎫無休 💰1600円 ◉箱根登山鉄道彫刻の森駅から徒歩約2分

1.屋外展示場には120もの名作を展示。代表作はニキ・ド・サン・ファール作〈ミス・ブラック・パワー〉(1968年) 2.ガブリエル・ロアール作〈幸せをよぶシンフォニー彫刻〉は、内部が全面ステンドグラスの塔。螺旋階段を上り鑑賞する 3.〈目玉焼きのオブジェ〉はSNSで話題！ 4.源泉掛け流しの足湯でひと休み 5.カラフルな手編みのネットが張り巡らされた〈ネットの森〉。子どもが中に入って遊べる 6.体験型作品と芝生の休憩エリア〈ポケっと〉は、野外美術館ならではの開放的な空間 7.大きな窓から美景を楽しめる彫刻の森ダイニング 8.カジュアルなビュッフェレストラン。オリジナルグッズが買えるミュージアムショップもある

POINT

キッチンを囲む
カウンターがベスポジ。

大きなガラス張りの窓から箱根
の山々を望む店内。キッチンを
見渡せるカウンター席が◎。

やるって
決めてること。
#02
HAKONE

箱根発"ローカルガストロノミー"がスゴイと聞いて。

箱根の風土を料理で表現する「ローカルガストロノミー」の
ホテルレストランが今、注目されているみたい。

自然派
イタリアン

1

1.朝霧高原の放牧豚と春の新芽野菜 2.季節ご
とに異なる9品コース1万4080円の一例 3.本
棚で埋め尽くされたホテルエントランス

2

3

話題のライフスタイルホテルで
イタリア料理ディナー

箱根本箱
はこねほんばこ

宿泊者以外もディナー利用が可能。駿河湾や焼
津港の魚介、丹沢山や御殿場のジビエなど、箱
根近郊の食材を用いたオーガニック＆クレンジ
ングな自然派イタリアンを提供する。

MAP P.61 A-1 ☎0460-83-8025(ホテル代表) ⚐神
奈川県足柄下郡箱根町強羅1320-491 🕐予約制(要
問い合わせ) ⓥ箱根登山ケーブルカー中強羅駅から徒歩
約5分

chef's profile

ミラノや東京のリス
トランテで腕を磨い
た佐々木祐治シェ
フ。その土地でなけ
れば生まれない地方
イタリアンを表現。

052

1.希少な足柄牛の旨味を燻製により最大限に引き出した足柄リブアイ250g 1万3673円 2.サーモンタルタル2300円など季節メニューも 3.食後はレストランに隣接するバースペースでカクテルを楽しめる

1

3

半径10km圏内の食材を使った
食のエンターテインメントを体験

ホテルインディゴ箱根強羅
リバーサイドキッチン＆バー

ホテルインディゴはこねごうら リバーサイドキッチン＆バー
2020年にオープンしたデザインホテル内にあるコンテンポラリーレストラン。薪を使ったオーブンで仕上げるエネルギッシュなグリル料理は、ランチでもディナーでも。

chef's profile
ジョエル・ロブションなどで経験を積んだ佐藤昭和副料理長。ライブ感のあるエンターテインメントとしての食体験を提案。

MAP P.61 B-1 ☎0460-83-8310(ホテル代表) 🏠神奈川県足柄下郡箱根町木賀924-1 ⏰朝食7:30〜10:30、ランチ11:30〜14:30(LO14:00)、ディナー17:30〜22:00(LO21:30) 🈵無休 🚗箱根登山鉄道強羅駅から車で約5分

2

POINT
**店内のデザインは
まるでアートみたい！**
歌川広重〈箱根湖水図〉など浮世絵を再構築したウォールアート、寄木細工の天井が特徴。

インテリアも素敵

HAKONE | TREND TRIP

053

ティラミスソフトは
ゼッタイ。

ティラミスはランタンをイメージした可愛いパッケージ入り。プレーン420円

2

1.エスプレッソが効いたティラミスソフト500円 2.ティラミス 苺450円 3.箱根にゆかりのある3人の偉人がモチーフ

3

パッケージも可愛い
箱根スイーツにひと目ぼれ♡
箱根てゑらみす 箱根湯本
はこねてらみす

箱根湯本駅前にあるティラミス専門店。プレーン、ブランデー、抹茶など5種類のティラミスや、ティラミスソフトなど3種のソフトクリームをテイクアウトで楽しめる。

MAP P.61 C-3 ☎0460-85-5893 🏠神奈川県足柄下郡箱根町湯本706-1 🕐10：00～17：00 🚫水曜(祝日の場合営業) 🚉箱根登山鉄道箱根湯本駅から徒歩約2分

ココで
スイッチバック

START!

箱根湯本 ——→ 塔ノ沢 ——→ 大平台 ——→

箱根湯本の駅ナカに
2020年10月オープン！ 箱根湯本
箱根おいも大学前
はこねおいもだいがくまえ

日本各地のさつまいもを使った"おいもスイーツ"が話題沸騰中。ホイップクリームや特製メイプルみつを添えた大学いもやおいもちっぷが人気メニュー。

MAP P.61 C-3 ☎0460-83-8387 🏠箱根登山鉄道 箱根湯本駅構内(2階改札外) 🕐10：00～18：00 🚫無休(メンテナンス休業あり) 🚉箱根登山鉄道箱根湯本駅直結

1

2

1.定番は箱根大学いもソフト500円 2.箱根湯本駅構内にある

ホテルベーカリーの
パンを旅のお供に 箱根湯本
ピコット湯本駅前店
ピコットゆもとえきまえてん

湯本富士屋ホテル直営の小さなベーカリーが箱根湯本の駅前に。レーズンパン700円など、本店で人気の定番パンも一部、テイクアウトすることができる。

MAP P.61 C-3 ☎0460-85-6111(湯本富士屋ホテル代表) 🏠神奈川県足柄下郡箱根町湯本256-1 🕐9：30～16：30 🚫無休 🚉箱根登山鉄道箱根湯本駅から徒歩約1分

人気はクラシックカレーパン350円とレーズンパン

やるって
決めてること。
#03
HAKONE

箱根登山電車で
グルメホッピング。

箱根湯本駅から強羅駅まで、箱根の山をぐんぐん登る箱根登山鉄道。途中下車して箱根グルメを楽しんでみては？

1. 大きな窓から箱根の山々を望む
2. 山薬とろろ膳2508円

ヘルシーな自然薯料理で
エネルギーチャージ！
箱根 自然薯の森 山薬 ⟨宮ノ下⟩
はこね じねんじょのもり やまぐすり

提携農家で栽培する自然薯料理をはじめ、小田原の地魚の干物や箱根の名水で作る汲み豆腐、むかごご飯など、ヘルシーな料理を提供。週末限定の豪華な朝食メニューにも定評あり。
MAP P.61 C-2 📞0460-82-1066 🏠神奈川県足柄下郡箱根町宮ノ下224 🕙10:00〜20:30(LO20:00)、土・日曜、祝日は7:00〜 🔒不定休 📍箱根登山鉄道宮ノ下駅から徒歩約10分

宮ノ下駅のすぐそばにある ⟨宮ノ下⟩
くつろぎの古民家カフェ
NARAYA CAFE
ナラヤ カフェ

築50年以上の建物をリノベーションしたカフェに、足湯やショップ、ギャラリーを併設。名物のならやん（ひょうたん最中）280円などスイーツのほか、窯焼きピッツァも。
MAP P.61 C-2 📞0460-82-1259 🏠神奈川県足柄下郡箱根町宮ノ下404-13 🕙10:30〜17:00 🔒水曜・第4木曜 📍箱根登山鉄道宮ノ下駅から徒歩約1分

1. ならやんは餡を選べる。抹茶セットは730円 2.店の前に屋外の足湯が

⟨宮ノ下⟩ ⟶ ⟨小涌谷⟩ ⟶ ⟨彫刻の森⟩ ⟶ ⟨強羅⟩ GOAL!

富士屋ホテル

箱根美術館は
庭園がステキ♥

温泉まんじゅう！

強羅駅に到着〜

強羅の名物豆腐を
できたてで！
箱根銀豆腐
はこねぎんどうふ

100年以上の歴史を誇る老舗豆腐店。箱根の名水を用いた名物「しゃくり豆腐」はできたての豆腐をひしゃくですくって提供する絶品で、オープンと同時にファンが押し寄せる人気ぶり。
MAP P.61 B-1 📞0460-82-2652 🏠神奈川県足柄下郡箱根町強羅1300-261 🕙7:00〜16:00(売り切れ次第閉店) 🔒木曜 📍箱根登山鉄道強羅駅から徒歩約2分

できたてのしゃくり豆腐220円は
何もかけずに食べても美味！

がんもどき110円
（大）もオススメ

⟨強羅⟩
強羅公園内にある
サロン風カフェが素敵！
一色堂茶廊
いっしきどうさろう

天井の高い優雅な空間で、自然有精卵のだし巻きサンド1210円や和牛ローストビーフサンド1760円などのサンドイッチを提供。
MAP P.61 B-1 📞0460-83-8840 🏠神奈川県足柄下郡箱根町強羅1300(強羅公園内) 🕙木〜日曜の10:00〜17:00(LO16:15) 🔒月〜水曜、不定休 📍箱根登山鉄道強羅駅から徒歩約10分

1. フレンチトースト770円 2.大きな窓から自然光が差し込む

温泉。カフェ。パワスポ。
芦ノ湖周りのMUSTスポットめぐり。

時間に余裕があれば、ひと足のばして箱根ロープウェイで芦ノ湖へ！
定番の遊覧船や湖畔の立ち寄りスポットをチェック。

📄 **TRIP REPORT**

芦ノ湖の遊覧船で
湖畔スポットめぐり♪

箱根ロープウェイで桃源台駅に到着したら、歩いてすぐの芦ノ湖桃源台港へ。湖をのんびり遊覧できる箱根海賊船は、18世紀にイギリスやフランスで活躍した船艦がモデルになっている。乗船したのは、クラシックな特別室が素敵なロワイヤルⅡ！ソファが用意された真っ白な船室は、まるでサロンみたい。富士山を眺めながら船旅を楽しみ、元箱根港へ。

昭和23（1948）年創業のクラシックホテル、山のホテルでは、レイクビューの"デザートレストラン"が人気。20種類以上の紅茶やアーティスティックなホテルスイーツを楽しみながら、芦ノ湖の絶景を一望できる。

湖に立つ鳥居で知られる箱根神社、江戸時代から続く老舗茶屋など、箱根らしいスポットへも足をのばしてみて。

富士山ビュー！

1

2

3

3.ロザージュ伝統のあつあつりんごパイ～バニラアイス添え～ 2481円（ティーセット）4.湖に面したテラスが特等席

4

1.芦ノ湖の3つの港を周遊する箱根海賊船（ビクトリー）。晴れた日は富士山を眺めることもできる 2.ロワイヤルⅡの特別室はフランス風

芦ノ湖を約1時間で1周する絶景旅
箱根海賊船
はこねかいぞくせん

桃源台港、箱根町港、元箱根港を結ぶ遊覧船。クラシックなインテリアが特徴。ロープウェイと遊覧船が乗り放題になるフリーパスを利用するとお得に。

MAP P.61 A-3　📞0460-83-7722　📍神奈川県足柄下郡箱根町元箱根164（桃源台港）🕐運航時間は季節により異なる。HPで確認 🚫荒天時 💰桃源台港～元箱根港片道1200円 🚃箱根ロープウェイ桃源台駅から桃源台港まで徒歩約4分

老舗ホテルで優雅なティータイム
サロン・ド・テ ロザージュ

湖畔に佇むカフェレストラン。パティシエが作るホテルスイーツや、ティーインストラクターが厳選した紅茶を提供。2階は紅茶やコーヒーなどを扱うギフトショップ。

MAP P.61 A-3　📞0460-83-6321（山のホテル代表）📍神奈川県足柄下郡箱根町元箱根80（山のホテル別館内）🕐11：00～16：30LO 🚫冬季（変更あり）🚃元箱根港から徒歩約12分

湖

浮かぶ鳥居

7.湖に浮かぶように建立された「平和の鳥居」がシンボル 8.権現造りの御社殿。境内にある宝物殿では奈良時代から明治時代までの彫刻・絵画・古文書・工芸品などの宝物を展示する

9.力もち(うぐいす500円、数量限定の黒ごまきな粉500円)、甘酒400円 10.天気のいい日は縁側で 11.みそおでんやところてんなどの軽食も

5.芦ノ湖と富士山、箱根の山々を望む大浴場。露天風呂やフィンランドサウナも 6.歴史ある建物は浜名湖から移築されたもの

歴史ある
古民家!

HAKONE | TREND TRIP | 箱根

箱根十七湯の蛸川温泉を
芦ノ湖の絶景とともに楽しめる

絶景日帰り温泉 龍宮殿本館
ぜっけいひがえりおんせんりゅうぐうでんほんかん

箱根 駒ヶ岳ロープウェー箱根園駅近くにある日帰り温泉施設。京都の平等院をモデルに造られた建物は国登録有形文化財にも指定されている。

MAP P.61 A-3 📞0460-83-1126 📍神奈川県足柄下郡箱根町元箱根139 🕘9:00～19:00受付 🈳無休 💰2030円 🚗箱根ロープウェイ桃源台駅から車で約10分

奈良時代に創建された
関東屈指のパワースポット

箱根神社
はこねじんじゃ

かつて源頼朝や徳川家康なども篤く崇敬したという古刹。境内には樹齢600年以上の老杉やヒメシャラ純林など自然豊か。すぐ隣には九頭龍神社の新宮も。

MAP P.61 A-3 📞0460-83-7123 📍神奈川県足柄下郡箱根町元箱根80-1 🕘参拝自由、宝物殿は9:00～16:30(最終入館16:00) 🚗元箱根港から徒歩約15分

江戸時代初期に創業した
茅葺き屋根の茶屋でひと休み

甘酒茶屋
あまざけちゃや

旧東海道沿いで13代続く茶屋。創業当時から変わらない、うるち米と米麹だけで作った自然な甘さの甘酒や、毎朝きねでつく炭火焼きのお餅を味わえる。

MAP P.61 A-3 📞0460-83-6418 📍神奈川県足柄下郡箱根町畑宿395-28 🕘7:00～17:30(LO17:00) 🈳無休 🚗元箱根港から車で約5分、バス停甘酒茶屋から徒歩約1分

TRAVEL NOTE

箱根の旅のまとめ。

TODO

⏱ SCHEDULE

10 AM - 箱根湯本駅に到着！
新宿駅から小田急ロマンスカーに乗って、箱根湯本駅に到着！

11 AM - 箱根湯本駅周辺のおやつを探索
駅前商店街のスイーツ店やおみやげショップをブラブラ。

12 PM - 箱根登山鉄道で強羅へ
箱根湯本駅から箱根山を登る登山鉄道で強羅駅へ。車窓の景色も最高！

13 PM - 話題のホテルレストランへ
グルメスポットとして注目される強羅駅へ。ホテルレストランは予約がベター。

15 PM - 箱根ラリック美術館でアート鑑賞
仙石原にある「箱根ラリック美術館」へは、路線バスが運行している。

16 PM - サロンカーでティータイム
美術館内にあるサロンカーは、美術館の見学客のみ利用可能。

クラシックな香水瓶を発見！

箱根ラリック美術館 P.50

ミュージアムめぐりが楽しい強羅エリアを満喫しました。

強羅〜仙石原エリアは彫刻の森美術館やポーラ美術館など、見応えアリのミュージアムが多数。箱根ラリック美術館では、実際のオリエント急行に乗車してティータイムができるというスペシャルな体験が待っていました。

本物のオリエント急行を展示！

51 85 09-30 000-1

アート鑑賞＆ティータイム♡

箱根ラリック美術館のサロンカー♪

T◉EAT

おいもスイーツに熱視線♡

新しい箱根グルメを発見しちゃいました！

宿は和風旅館、食はそばや干物などの日本食……そんな箱根のイメージを覆す、新感覚なデザインホテルが今、注目されています。ホテル内のレストランももちろんハイクオリティ。箱根の食文化と融合したモダンな料理に出合えました。

ホテルインディゴ"箱根強羅"のリバーサイド・キッチン＆バー P.53

箱根てゑらみす P.54

LUNCH

☑ 「箱根本箱」のレストランで自然派イタリアン♪ P.52

☑ 「リバーサイドキッチン＆バー」でがっつりランチ！ P.53

SWEETS

☑ 「箱根てゑらみす」のティラミスソフトをテイクアウト。 P.54

☑ 「箱根おいも大学前」の箱根大学いもソフトを食べ歩き。 P.54

箱根本箱 P.52

T◉BUY

温泉まんじゅうだけじゃない！"箱根プロダクト"を発見。

伝統工芸の寄木細工をモダンで可愛くデザインしたアクセサリーは即買い！早雲山駅のショップ、cu—mo箱根はご当地プロダクトの宝庫でした。温泉まんじゅうをゲットするのも忘れずに！

木工芸工房"もくのすけ"のピアス

どこで買う？温泉まんじゅう

GOODS

☑ 「cu—mo箱根」の寄木細工アクセサリーが素敵！ P.60

GOURMET

☑ バラマキみやげに「cu—mo」箱根のドリップバッグコーヒー P.60

☑ 定番♪「まんじゅう屋・菜の花」の温泉まんじゅう MAP P.61 C-3

箱根ちょっとハミダシ**INFO**

2

1

1.スムージーに綿飴をのせたニューベル750円、味噌が隠し味のくもぱん250円 2.ポストカードは旅の記念に

早雲山駅にオープンしたカフェ&ショップが絶景。

ロープウェイとケーブルカーの乗り換え駅・早雲山駅の2階にある。テラス席は足湯になっており、温泉に浸かりながら箱根の山々を眺められる。ショップでは地元作家の工芸雑貨や全国各地のグルメみやげが揃い、フォトジェニックなオリジナルスイーツも。

cu-mo箱根
クーモはこね
MAP P.61 A-2 📞なし ⏱神奈川県足柄下郡箱根町強羅1300(早雲山駅2F) 🕐ショップ9:00〜17:30、フード&ドリンク10:00〜16:30、展望テラス9:00〜17:00、足湯9:00〜16:00 🈔無休 🚋箱根登山ケーブルカー・箱根ロープウェイ早雲山駅直結

1

2

1.唐破風が印象的な本館 2.かつての桃色の漆喰を再現した西洋館のゲストルーム

あの富士屋ホテルがリニューアル。スパも新設！

明治11(1878)年創業の名門ホテルが歴史ある建造物や調度品などはそのままにリニューアル。スパや宿泊者専用ラウンジ、ミュージアムも新設された。

富士屋ホテル
ふじやホテル
MAP P.61 C-2 📞0460-82-2211 ⏱神奈川県足柄下郡箱根町宮ノ下359 🕐施設により異なる 🚋箱根登山鉄道宮ノ下駅から徒歩7分

芦ノ湖まで日帰りで行くには？

箱根湯本駅から芦ノ湖までは、箱根登山鉄道、ケーブルカー、ロープウェイを乗り継いで約1時間30分(車なら約30分)。箱根湯本や強羅にも立ち寄りたい場合は車移動がおすすめ。

移動手段は箱根登山鉄道&箱根登山バス

公共交通機関は電車やバス。登山鉄道の駅が近くにない美術館でも、バスでアクセスできる場合がある。8つの乗り物が乗り降り自由になる「箱根フリーパス」も便利。

芦ノ湖周辺でおみやげを買うなら。

宿場町をイメージした和モダンカフェ、お菓子や伝統工芸品を扱うショップがある。箱根のうり坊は864円。

茶屋本陣 畔屋
ちゃやほんじん ほとりや
MAP P.61 A-3 📞0460-83-6711 ⏱神奈川県足柄下郡箱根町箱根161-1 🕐店舗により異なる 🈔無休 🚋箱根町港から徒歩1分

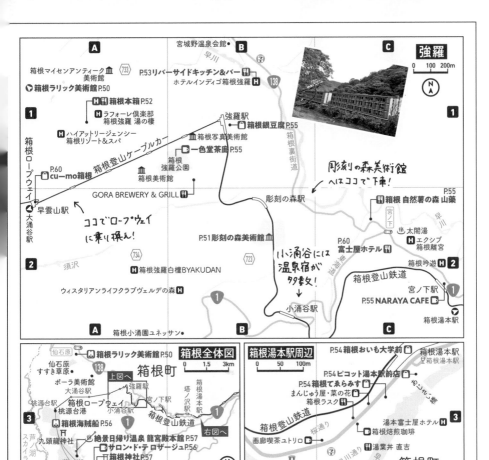

強羅

箱根マイセンアンティーク美術館
箱根ラリック美術館 P.50
箱根本箱 P.52
ラフォーレ倶楽部 箱根強羅 湯の棲
ハイアットリージェンシー 箱根リゾート&スパ
P.53リバーサイドキッチン&バー
ホテルインディゴ箱根強羅
宮城野温泉会館
強羅駅
箱根銀豆腐 P.55
箱根写真美術館
一色堂茶廊 P.55
箱根強羅公園
箱根美術館
GORA BREWERY & GRILL
早雲山駅
cu–mo箱根 P.60
箱根ロープウェイ
大涌谷駅
箱根登山ケーブルカー

彫刻の森美術館へはココで下車!
ココでロープウェイに乗り換え!

箱根 自然薯の森 山薬 P.55
太閤湯
エクシブ 箱根離宮
P.60 富士屋ホテル
箱根吟遊
宮ノ下駅
P.55 NARAYA CAFE
箱根湯本駅

彫刻の森駅
P.51彫刻の森美術館
小涌谷には温泉宿が多数!
小涌谷駅
箱根強羅白檀BYAKUDAN
ウィスタリアンライフクラブヴェルデの森
箱根小涌園ユネッサン
箱根登山鉄道

0 100 200m N

箱根全体図

箱根ラリック美術館 P.50
仙石原 すすき草原
ポーラ美術館
大涌谷駅
箱根ロープウェイ
桃源台駅
箱根海賊船
九頭龍神社
絶景日帰り温泉 龍宮殿本館 P.57
サロン・ド・テ ロザージュ P.56
箱根神社 P.57
甘酒茶屋 P.57
箱根関所
元箱根港
P.60 茶屋本陣 畔屋
箱根町
強羅駅
宮ノ下駅
小涌谷駅
塔ノ沢駅
箱根湯本駅
箱根登山鉄道
上図へ
右図へ
アネスト岩田ターンパイク箱根

0 1.5 3km N

箱根湯本駅周辺

P.54箱根おいも大学前
箱根湯本駅
P.54ピコット湯本駅前店
P.54箱根てゑらみす
まんじゅう屋・菜の花
箱根ラスク
箱根登山鉄道
湯本富士屋ホテル
箱根焙煎珈琲
画廊喫茶ユトリロ
湯葉丼 直吉
桜通り
箱根町
早雲公園

0 50 100m N

ACCESS
FOR HAKONE

電車で行くなら。
新宿駅から箱根湯本駅まで
小田急ロマンスカーで約1時間30分

車で行くなら。
東名高速道路、小田原厚木道路などで約1時間30分

▶箱根を上手に回るなら。
箱根湯本～強羅間は、行楽シーズンは渋滞必至なので、車よりも箱根登山鉄道が便利。しかし強羅から山側にある早雲山駅や芦ノ湖方面まで足をのばす場合は、車のほうが早く移動できる。すべてを1日で回るとかなりタイトなスケジュールになるので、早朝出発はマスト。

MASHIKO | ART TRIP

器とカフェと、アートな『益子』へ。

#01 今注目のセレクトショップで益子焼ハント。

#02 器が素敵な益子焼カフェへ。

#03 "手仕事の町"でちょっとDEEPなアートさんぽ。

#04 益子焼のテーマパークで陶芸体験に挑戦してみる。

江戸時代から陶器の産地として発展し、大正期に民藝運動の陶芸家・濱田庄司の活躍で一躍有名になった益子。素敵な陶芸ショップやカフェなどが並ぶ古きよき街並みのなかで、ものづくりの力、アートの息吹を感じよう。

土のぬくもりを感じさ
せる、G+OO(P.65) の
益子焼。作家の感性に
よって見せる表情はさ
まざま

今注目のセレクトショップで
益子焼ハント。

器との出合いは一期一会。素敵なセレクトショップや作家直営のお店で形・色味・手触りをじっくり確かめよう。

手仕事の素晴らしさを感じる
美しい道具たちがずらり

A pejite
ペジテ

「仁平古家具店」を運営する仁平透氏が営むセレクトショップ。大谷石の米蔵を改装した空間に、益子を中心とした作家の器やリペアした美しい古家具が並ぶ。

MAP P.75 A-2 ☎0285-81-5494 ⏢栃木県芳賀郡益子町益子973-6 🕚11:00～18:00 ⏰木曜 🚶益子駅から徒歩約10分

こんな器、見つけました。

芳賀龍一 碗 黒釉
6600円

しがみさこ どうぶつの森パスタ皿
5720円

フレンチレース プレート
（飴釉、ホワイトマット）各1650円

芳賀龍一 灰釉 小皿
2750円

しがみさこ 線描き角皿
5280円

kinariほっこりカップ＆ソーサー
各1100円

芳賀龍一 籾灰釉
ぐい呑 3300円

岡本芳久 藍釉 釉彩角
丸皿 3080円

シャビーターコイズ コーヒーカップ
1650円

内田裕太 黒錆 カップ
1980円

"JOHNNY"こと、篠崎英夫さんの
小さなオブジェたち

Kinariまん丸ティーポット
4180円

感性をくすぐられる器や雑貨にワクワク

Ⓑ G+OO
ジープラスツーノウツ

大塚・伊藤親子のセンスと感性で選ばれた個性的な器のほか、雑貨、アクセサリーなどが充実している。ガレージを改装した三角屋根の緑の建物が特徴的。

(MAP) P.75 B-2 📞0285-72-0098 🏠栃木県芳賀郡益子町城内坂115 🕙10:00～17:00 🔒水曜（祝日は営業）📍益子駅から車で約5分

陶芸家・若林健吾さんの作品とリネン服＆雑貨

Ⓒ Gallery MuYu
ギャラリー ムーユー

若林健吾さんのブランド「わかさま陶芸」の作品を中心に、オーナーの若林昌子さんが集めたリネン服や雑貨など天然素材を使った"日本のいいもの"が並ぶ。

(MAP) P.75 A-1 📞0285-85-8617 🏠栃木県芳賀郡益子町七井中央20-5 🕙13:00～17:00 🔒木曜（祝日は営業）📍七井駅から徒歩約1分

ランチもカフェもOK

アジアを食べる
旅するキッチン
作坊 吃
ぞーふぁんちぃ

アジア雑貨店に勤め、訪れた国々
でさまざまな料理を食べた店主が
営む隠れ家カフェ。地元の野菜や
ハーブ、スパイスなどを中心に使
った珍しい家庭料理が味わえる。

MAP P.75 C-3 ☎0285-72-3606
栃木県芳賀郡益子町上大羽2455 ⏰
11:00 ～ 18:00(LO17:00) 🚪水 ～
金曜 ◉益子駅から車で約15分

1.香草、レモングラスを使ったタイ
料理ラープガイ、ひよこ豆のカレー
など、4 ～ 5品のおかずやスープ
がセットになったチプレート
1200円 2.お店のインテリアはカ
ナダで家具作りを学んだ店主の鈴
木史絵さんや友人の画家による手
作り 3.4.手作りの焼き菓子とカウ
ンター

やるって
決めてること。
#02
MASHIKO

器が素敵な
益子焼カフェへ。

料理が盛られた時に初めて見える景色がある。地元食材やこだ
わりの素材を使った料理を益子焼の器で提供するお店をご紹介。

1.柔らかい光が差し込む店内。家具やイ
ンテリアにもこだわりを感じる 2.50種類
のお米が混ざった色々米や15種類のス
パイスを使ったスターネットカレー1350
円 3.山野草茶500円 4.カフェメニュー
で使用されている食材は購入できる

地元を愛し、愛される
ライフスタイルカフェ

starnet
スターネット

"丁寧な暮らし"を教えてくれる、
オーナーの故・馬場浩史さんが作っ
た創業23年のカフェ。自然派食材
や衣服、陶器などを扱うショップ
やギャラリーを併設する。

MAP P.75 B-2 ☎0285-72-9661
栃木県芳賀郡益子町益子3278-1 ⏰
11:00 ～ 18:00(LO17:30) 🚪木曜
◉益子駅から車で約10分

お皿は益子焼！

4

3

1.季節のスープ＆サラダ付のフーネプレート1650円 2.天気がいい日はテラス席へ。庭にはアート作品が置かれている 3.かつての工房と住居を改装した建物 4.お店の時を刻む古時計

里山に静かに佇む
芸術家の食堂

古民家

Café Funé
カフェ・フーネ

里山を借景に、季節の植物を眺めながら食事ができるカフェ。料理はすべて作陶家の鈴木京子さんの手作り。器は息子の卓さん、ご主人の量さんの作品。

MAP P.75 C-2　☎0285-81-6004
栃木県芳賀郡益子町益子5196
11:00 ～ 16:00　水・木曜　益子駅から車で約10分

2

1

ART TRIP　益子

1.インテリアが素敵な落ち着く店内
2.通年で人気の濃厚渡りガニのトマトクリームソース1320円(自家製フォカッチャとドリンク付き)

2

1

ペンションを手ずから改装したというピラミッド型の外観

坂の上のカフェ

一流のひと皿を味わいに！
個性あふれる空間と店主

キッチン・スロープ

"スロープ"の名の通り、急峻な坂の上にある見晴らしのよいカフェ。店主の坂口則行さんにも「坂」が付く。元アパレルの世界から転向したという経歴で、料理の味は絶品。

MAP P.75 C-2　☎0285-81-5446
栃木県芳賀郡益子町上大羽2217
11:00 ～ 17:00(LO16:15)　月・金曜
益子駅から車で約10分

3

4

3.瀬戸田レモンのバータルト770円 4.Coffee550円

やるって
決めてること。
#03
MASHIKO

"手仕事の町"で
ちょっとDEEPなアートさんぽ。

益子は陶芸をはじめ木、布、革、鉄などを扱う作家や職人が暮らす手仕事の町。そこかしこからものづくりの力を感じられる。

▽ARTさんぽ①

焼き物の町の
メインストリート

益子・焼城内坂通り

ましこやきじょうないざかどおり
陶器市や夜市など大きなイベントのメイン会場になる城内坂を歩くと、道端や路地に、可愛い焼き物のオブジェや、鎮座する"益子大仏"などの楽しいアートを発見できる。

MAP P.75 B-2 ☎0285-70-1120(益子町観光協会) 🏠栃木県芳賀郡益子町城内坂付近 🚶益子駅から徒歩約15分

濱田庄司
糠釉鉄絵扁壺

濱田庄司
掛合釉指描花瓶

濱田庄司
青釉格子描角皿

島岡達三
象嵌赤繪皿

島岡達三
塩釉縄文象嵌大皿

▽ARTさんぽ②

益子焼の歴史を語る
益子のアートの中心地

益子陶芸美術館／
陶芸メッセ・益子

ましことうげいびじゅつかん
とうげいメッセ・ましこ

益子焼を世界に広めた人間国宝・作陶家の濱田庄司や島岡達三、版画家・笹島喜平など益子をとりまく作家たちの作品展示や年3〜4回の企画展を行っている美術館。益子焼の歴史も学べる。

MAP P.75 B-2 ☎0285-72-7555 🏠栃木県芳賀郡益子町益子3021 🕘2〜10月9:30〜17:00、11〜1月9:30〜16:00(最終入館は30分前) 🗓月曜(祝日の場合翌日、展示替え期間) 💴600円 🚗益子駅から車で約10分

旧濱田庄司邸
1989年に移築した濱田庄司の住居。町指定文化財

登り窯
住居とともに移築復元した濱田庄司愛用の登り窯

笹島喜平館
木版画家・笹島喜平の作品を紹介する常設展示館

▽ART さんぽ ③

"ジャパンブルー" を守り続ける 江戸時代創業の紺屋

日下田藍染工房
ひげたあいぞめこうぼう

寛政年間に創業した紺屋（こうや）。紺屋とは染物屋のこと。創業時から200年以上にわたり続いてきた藍染、草木染の手法を使って今も絹糸や布を染め上げている。建物と甕場は県の有形文化財。

MAP P.75 B-2　☎0285-72-3162　🏠栃木県芳賀郡益子町城内坂1　🕐8:30〜17:00　🏖月曜　🚉益子駅から車で約5分

1,2.藍の染料「すくも（藍）」で満たされた甕場（かめば）。72個の藍甕が並ぶさまは悠久の時間を感じる迫力の光景 3.作業の様子や工房内は自由に見学できる

📋 TRIP REPORT

《 造形家KINTAさんに出会いました。 》

KINTAさんは益子を拠点に活動するアーティスト。かつて馬小屋だったという建物を改装してアトリエにしている。制作するのは古材を使った家具や、鉄のオブジェ、陶器など、感性のままに作った作品たち。益子の町を歩くと、「あれ、ここにも？」と思うほど、KINTAさんの作品と遭遇する。まるで、町全体がKINTAさんのアトリエのようだ。

1.キッチン・スロープ(P.67)の照明、家具などのインテリア、庭のオブジェや 2.pejite(P.64)の扉 もKINTAさんの作品 3.一般公開してるギャラリーで、作品を見られる(要事前連絡)

KINTA Gallery (KINTA STUDIO)
キンタ ギャラリー（キンタ スタジオ）

MAP P.75 C-2　☎090-3529-1837　🏠栃木県芳賀郡益子町上大羽2217　🕐9:00〜16:00(不在の場合あり)　🏖不定休　🚉益子駅から車で約10分

益子焼のテーマパークで
陶芸体験に挑戦してみる。

益子焼の窯元のひとつ、「よこやま」で陶芸体験！ 土と触れあって、自分だけの器が作れるのも焼き物の町ならではの醍醐味。

1 世界でたった1つの
器作りにトライする

昭和46(1971)年築窯の窯元「よこやま」では、広い敷地の中で工房見学や体験教室、レストランやカフェなどでグルメを楽しめる。体験教室は1日6回の時間帯に分かれ、電動ろくろや手びねりなどのメニューが選べる。

体験 INFORMATION
陶芸体験教室よこやま

📞前日までは予約フォーム、当日は電話(0120-696-864)で問い合わせ※最終受付15:00 🕐1日6回開催：9：00/10：00/11：00/13：00/14：00/15：00 💴4290円

START!

1 最初に益子焼についてのガイダンスを聞く

2 いざ、ろくろ体験！

3 集中力が切れるとすぐにゃぐにゃに！

真剣…

4 先生が都度、アドバイスや手助けをしてくれる

5 完成！1日体験の場合、作業はここまで

完成～

6 作品と模様、デザインを選んだ後はスタッフが高台作り、焼成まで進めてくれる

📋 **TRIP REPORT**

（ 楽しくておいしい！ 益子焼エンターテインメント。 ）

敷地の中で陶芸体験からランチ、おみやげ選びまですべて楽しめる「よこやま」は、効率よく時間を使うことができる日帰り旅行にぴったりなスポット。現在は窯主の横山由夫さん、3人の息子さんをはじめ、全部で8人の作家が活躍しており、いたるところに各作家の作品が展示・販売されている。なかには思わず二度見してしまいそうなファンシーな顔出し看板、陶製のスカイツリー®などの大作も展示してあり、意外なエンターテインメント性に思わず笑みが。手作りパンを販売しているパン工房もあるなど、まさに大人が楽しめるテーマパーク。

2 ギャラリーでお気に入りの 作品を見つける

ギャラリーには「よこやま」を支える8人の作家の新作・定番作品が並ぶ。陶器のボタンやスプーンなどの小物も販売。おみやげにぜひ！

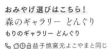

おみやげ選びはこちら！
森のギャラリー どんぐり
もりのギャラリー どんぐり
📞🕐📍 益子焼窯元よこやまと同じ

1.食パンの形をした小皿を発見。茶色い"焦げパン"バージョンもあり 2.カフェやレストランで使っている食器はこちらで買うことができる

3 グルメ&カフェ スポットも

自家製スイーツが自慢のカフェと、季節ごとのメニューが絶品のレストランがあるので、お腹の空き具合や気分で好きなお店を選ぼう。カフェは工房隣、レストランは徒歩約5分の森のそばに佇んでいる。

1 2

工房からちょっと離れた「森のレストラン」へ。途中に現れる緑の小道が素敵！

突如、目の前に陶製のサグラダファミリアが！窯主・横山由夫さんの作品

1.苺のミニパフェとドリンクのセット858円でティータイム。ドリンクのカップは、「よこやま」の器から好きなものが選べる 2.景色を眺めながらのんびり過ごせる

季節の食材と自然を満喫
森のレストラン
もりのレストラン
`MAP` P.75 B-1 📞0285-70-2223
栃木県芳賀郡益子町益子4037
11:00 ～ 16:30(L.O16:00) 🔒金曜

📍 まだある SPOT

パン

手作りパンも買えちゃう！
パン工房 森ぱん
パンこうぼう もりぱん
📞0285-70-8555 🕐10:00 ～ 17:00
🔒月曜(祝日の場合は翌日)

カフェ

益子焼を楽しむカフェ
益子の茶屋
ましこのちゃや
📞0285-72-9210 🕐10:00～16:00(L015:20)
🔒月曜(祝日の場合は翌日休)

益子焼の魅力を たっぷり総合体験！
益子焼窯元よこやま
ましこやきかまもとよこやま

創業50年。「炭化焼き」という焼成方法を使った味わいのある風合いの器が特徴。可愛い"和カフェシリーズ"など、新しいデザインの作品も展開している。

`MAP` P.75 B-1 📞0120-696-864
栃木県芳賀郡益子町益子3527-7
9:00 ～ 17:00 🔒第1・3火曜

TRAVEL NOTE
益子の旅のまとめ。

⏰ SCHEDULE

10 AM 益子駅に到着！ 🎵♪
駅前にレンタカーやレンタサイクル店あり。利用時は事前予約を忘れずに！

11 AM 益子焼のセレクトショップをめぐる

伝統と新しさが織り混ざる益子焼の世界。お気に入りの作家を発見!?

12 PM 器が素敵なカフェでランチ
おいしい料理と一緒に、食材の美しさを引き立たせてくれる器の魅力を再発見。

13 PM 窯元で陶芸体験してみる！

初心者でも安心なのでぜひトライ。先に何を作りたいか決めておくのがいいかも。

15 PM メインストリートをぶらぶらおさんぽ
春秋の陶器市の会場となる城内坂には益子焼のショップやギャラリーがたくさん。

16 PM 益子焼のミュージアムへ！
企画展や名品コレクションを鑑賞。全体の展示を通して、益子焼の歴史を学べる。

TO BUY

pejite
P.64

益子焼のショップでオンリーワンの器を見つけました。

江戸時代から続く陶器の名産地・益子。なんと、約250の窯元と約50の陶器店があり、さまざまな作風の器に出合えます。ひとつとして同じものがない焼き物。手触りや色合いをじかに確かめて、その"邂逅"を楽しみました！

目にも鮮やかなシャビーターコイズ！

どの器も素敵すぎて、目移りしちゃう……

パン作りと陶器作りってちょっと似てるんです

GOODS

☑ 「pejite」でシックなお皿を見る。 P.64
☑ 「G+OO」の個性派作家たちの器が楽しい。 P.65
☑ 「Gallery MuYu」のコーヒーカップをおみやげに。 P.65

GOURMET
☑ 「パン工房 森パン」でテイクアウト。 P.71

T₀DO

作品がズラリ。
気に入ったものは
購入も可能

陶芸体験で
アーティスト気分に♪

窯元で初めての陶芸体験。最初は緊張
したけど、先生が丁寧に指導してくれた
ので、後半はリラックス。くるくると粘土
が自由に形を変える電動ろくろもいいけ
ど、土をこねて好きな形にできる手びね
りもおすすめです。

作家さんたちが
もくもくと作業する
様子も見られる

これを
作りました！

窯元よこやま P.70

MASHIKO ― ART TRIP ― 益子

T₀EAT

益子焼の器を使ったカフェは
ずっといたくなる素敵な
空間でした。

町なかのカフェやレストランは、どこも器に益子焼を使っ
ているので、地元の食材をいただきながら実際の使い心
地を確かめられちゃう。店主自身で器を選んでいるので、
作家さんの特徴やこだわりポイントを聞いてみて。

Starnet
P.66

そこかしこで
アートに出合う！

LUNCH

☑ 特製スパイスで煮込んだ
「starnet」のスターネットカレー。 P.66

☑ 「作坊 吃」のチブプレートは
ヘルシー＆スパイシー。 P.66

☑ 里山のごちそう
「Café Funé」のフーネプレート。 P.67

CAFE

☑ シメのデザートは
「キッチン・スロープ」の
レモンのバータルト。 P.67

キッチン・スロープ P.67

益子は
感性を刺激する町♪

益子ちょっとハミダシINFO

同じ益子焼でもさまざまなスタイルや色、形の器が見つかる

春秋に開催される益子陶器市が大人気!

毎年2回開催される陶器市。ベテランから若手まで、バラエティ豊かな作家の作品に出合えるのが魅力。お目当ての作家情報や開催状況などは事前に要確認。

益子陶器市
ましことうきいち
☎0285-70-1120
（益子町観光協会）

益子焼のお店が立ち並ぶ
城内坂を
ぷらぷら。

益子町のメインストリート。幅広の整備された坂の左右に益子焼を扱うお店やギャラリー、カフェなどが軒を連ねる。

益子焼城内坂通り
ましこやきじょうないざかどおり
MAP P.75 B-2 ☎0285-70-1120（益子町観光協会）🏠栃木県芳賀郡益子町城内坂付近 🚗益子駅から車で約5分

シンボルの大タヌキ像「ぽんたくん」は必見!

人気ベーカリーに
寄り道する。

国産小麦で作る自家製酵母パンとベーグルのお店。カフェ&ギャラリー「益古時計」の敷地内にある。緑の扉が目印。

日々舎
にちにちしゃ
MAP P.75 B-2 🚫なし🏠栃木県益子町益子4283-5 益子時計敷地内 🕚11:00〜17:00 🚫日・月曜 🚗益子駅から車で約5分

日帰りでも気軽に楽しめる
陶芸体験スポットがいっぱい!

益子に窯元は250ほどあり、電動ろくろや手びねりで益子焼作りを体験できる工房が充実している。陶器の町ならではの経験を楽しもう。

素焼きした器に色を塗る絵付け体験も人気!

蒸気機関車に乗って益子へ
観光列車「SLもおか」でレトロな非日常の旅。

SLの煙の匂い、汽笛の音を体験しながら益子に向かう観光列車。下館駅〜茂木駅間を約1時間30分で結び、週末に1日1本運行している。

SLもおか
エスエルもおか
☎0285-84-2911(9:00〜17:00) 🚫土・日曜のみ運行、下館〜茂木間（1日1往復）※時刻表はHPを確認 💰500円
※インターネット申し込みによる事前予約制。電話予約の受付、当日券の販売はなし

レンタサイクルを使おう!

町の散策には益子駅から利用できるレンタサイクルが便利。町内の提携スポットで乗り捨ても可能。坂の多い益子を電動アシスト付き自転車で快適にめぐろう。

☎0285-72-2511（益子駅）🕗8:30〜17:00
💰1日 800円、2時間400円

A ▲Ⓜ Gallery MuYu P.65
▲茂木駅
卍円通寺

B

C 益子
0 250 500m
N

たくさんの
オブジェに注目♪
↓

1

法堂寺上池
法堂寺下池
🍴森のレストラン P.71
北郷谷池
Ⓜ益子焼窯元 よこやま P.70
真岡鉄道
益子町
🍴Café Funé P.67
八坂神社

小貝川

Ⓜ

1

2

役場西
町民会館
🏛濱田庄司記念益子参考館
体育館
⊗益子中
P.66 starnet
益子町
役場
栗崎
道祖土
🍴小さなパンやさん えみパン
P.69 KINTA Gallery Ⓜ
(KINTA STUDIO)
須田ヶ池
益子県立自然公園
益子の森
益子陶芸美術館
陶芸メッセ・益子 P.68
益子焼窯元
共販センター
🍴日々舎 P.74

2

121
294

藍の道
城内坂
益子駅
G+OO P.65
ワグナー・ナンドール
アートギャラリー
益子焼城内坂通り P.68
P.67 キッチン・スロープ

真岡駅

益子町観光協会
pejite P.64
🏛日下田藍染工房 P.69
太平神社
円道寺池

3

ココが
メインストリート！

3

41
262
高館山
権現平見晴台
卍西明寺
P.66 作坊 吃
大羽川

A

B

C

075

ACCESS
FOR MASHIKO

🚆 電車で行くなら。
東京駅から益子駅まで東北新幹線、水戸線、
真岡鐵道で約2時間10分

🚗 車で行くなら。
東北自動車道、北関東自動車道で約2時間

🚌 高速バスで行くなら。
秋葉原駅から益子駅まで約2時間30分

▶ 高速バスが運行しています。
都内から益子へは電車よりも車が便利。笠間経由で
秋葉原と益子を結ぶ高速バス「関東やきものライナ
ー」も日帰り旅向き。真岡鐵道のSL体験を楽しみ
たいなら時間に余裕をもって電車旅。

農・食・アートな『木更津』へ。

千葉県
東京都 ★

アクアラインで東京湾を渡って木更津市へ。農業とアートが融合したサステナブルな複合施設が2019年に誕生し、注目を集めている。人気のカフェや大型アウトレットなど、寄り道スポットも楽しむなら、車移動がマスト。

現代アート×
サステナブルな体験農場

KURKKU FIELDS
クルックフィールズ

音楽プロデューサーの小林武史氏が手掛ける、農業、食、アートがテーマの複合施設。広大な敷地には酪農場や野菜畑、レストラン、宿泊施設が点在。草間彌生氏の現代アートも。

MAP P.79 B-2 ☎0438-53-8776 ⬜千葉県木更津市矢那2503 🕙10:00～17:00、ダイニングは11:00～16:00LO 🔒火・水曜(祝日は営業) 💴入場無料 🚗館山自動車道君津ICから車で約10分

新たなる空間への道標
2016年
Courtesy of Ota Fine Arts
©Yayoi Kusama

KURKKU FIELDSで
自然とアートに癒されたい！

約9万坪の広大な敷地に、自然とアートを感じられるさまざまな
楽しみが用意されている。

水牛の子ども！

週末限定！
可愛い動物と触れあう。

動物ふれあい広場では、ヤギなどの
人懐こい動物たちに触ったり、エサや
りができるとしてファミリーに人気。

こんなことができます。

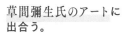

草間彌生氏のアートに
出合う。

緑のなかに突如、現代アートが！ ミ
ラールームになった内部はクルック
フィールズツアーで鑑賞できる。

エディブルガーデンで
ハーブに癒される。

野菜やハーブ、エディブルフラワーの
ガーデンを見学。野菜を収穫したり
ハーブを摘んで香りを楽しめる。

無限の鏡の間心の中の刻
2019年
Courtesy of Ota Fine Arts
©Yayoi Kusama

農場グルメを
味わう♡ →P.78

施設内にはレストランやベ
ーカリー、乳製品などを持
ち帰れるショップも！

おしゃれな宿泊施設にステイ。

一棟貸しスタイルで、トレーラーハウスのような
コンパクトなお部屋はまるで秘密基地。

KURKKU FIELDSの農場グルメが素敵でした。

農園・農場で育てられたフレッシュな食材たちを、新鮮なうちに料理。
素材を生かしたシンプルな農場グルメは、その場で味わったりおみやげにしたり。

農場で採れた平飼い卵とブラウンスイスの新鮮なミルクをたっぷり使ったシフォンケーキ。

ミルクスタンドでは、その場でたっぷり生クリームを搾って提供するシフォンサンドがおすすめ。

農園で採れた新鮮野菜や酪農場の乳製品、ジビエ料理を味わえるダイニングが評判。

ダイニングの薪窯で焼き、できたてを味わえるピザ。農場で採れた野菜やチーズを使用。

採れたて野菜やハーブ、お肉のデリ、季節のスープなど、日替わりの農場ランチプレート。

イノシシやシカなどのジビエと野菜・ハーブを組み合わせたお肉の加工品も自家製。

ベーカリーでは、自家製酵母を使った焼きたてパンをテイクアウト！

農場でのびのび育ったニワトリから生まれた、新鮮な卵を使用するたまごサンド。

水牛モッツァレラやヤギのチーズなどを職人が手作り。行列ができるほどの人気！

Ⓐ ダイニング
📞0438-53-8361
🕐11：00 〜 17：00(LO16：00)
【popular menu】
農場ランチプレート1760円
水牛モッツァレラのマルゲリータ
1650円 ※予約不可

Ⓑ ベーカリー
📞0438-53-7781
🕐10：00 〜 17：00
【popular menu】
食ぱん350円
バゲット300円
※野菜や卵も販売

Ⓒ シャルキュトリー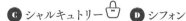
📞0438-53-7029
🕐10：00 〜 17：00
【popular menu】
猪と野菜のソーセージ550円〜
鹿のチョリソ550円〜
※チーズは取り置き不可

Ⓓ シフォン
📞0438-53-7786
🕐10：00 〜 17：00
【popular menu】
シフォンケーキ1944円
うわっつラスク400円〜

🌸 木更津ちょっとハミダシINFO

ドライブなら道の駅に寄り道！

特産のピーナッツやブルーベリーなど約2000点もの名産品を販売する。地元の人気カフェとコラボしたカフェレストランも。

道の駅 木更津 うまくたの里
みちのえき きさらづ うまくたのさと
MAP P.79 B-2 ☎0438-53-7155
千葉県木更津市下郡1369-1 🕘9:00～17:00 🏠無休 🚗圏央道木更津東ICから車で約3分

ⓒ東京湾横断道路株式会社

海ほたるPAでランチするなら？

東京湾を渡るアクアラインの中間地点にあり、2019年に飲食フロアがリニューアル！海ビューレストラン「オーシャンキッチン」などが評判。

海ほたる
うみほたる
MAP P.79 A-1 ☎0438-41-7401 🏠東京湾アクアライン 海ほたるPA 🚗施設により異なる 🚗東京湾アクアライン浮島ICから約25分

バウムクーヘンスイーツが話題！

ケーキのようなふわふわのバウムクーヘンで人気の「せんねんの木」のカフェ。フレンチトースト風のフレンチバウムプレーン1078円は生クリームたっぷり。

せんねんの木 factory & cafe
せんねんのき ファクトリー & カフェ
MAP P.79 A-1 ☎0438-38-6030 🏠千葉県木更津市永井作1-11-11 🕘10:00～18:00(LO17:00) 🏠月曜 🚗袖ケ浦ICから車で約10分、久留里線祇園駅から徒歩約1分

ACCESS
FOR KISARAZU

🚃 **電車で行くなら。**
東京駅から特急さざなみ号で約50分

🚗 **車で行くなら。**
東京湾アクアラインで川崎から木更津まで約15分

▶ **車移動が最も便利。**
高速バスなら都心から内房線の木更津駅まで約1時間と、木更津までのアクセスは公共交通機関も充実しているが、木更津市内のスポットを何カ所か回るならやっぱり車が便利。車ならお隣の袖ケ浦市や富津市へも至便。

ひんやり爽やか『長瀞』へ。

埼玉県
★
東京都

東京湾に注ぐ荒川の上流位置する長瀞は、四季折々に異なる表情を見せる渓谷美で知られている。渓谷を紅葉が彩る秋が人気のシーズンだが、新緑の美しい夏も爽やかな気候で最高。全国的に有名なかき氷専門店にもぜひ。

名物のかき氷♡

天然氷のかき氷を目当てに
行列必至の人気店へ

阿左美冷蔵
寶登山道店

あさみれいぞう ほどさんどうてん

阿左美冷蔵は明治23（1890）年に製氷業としてスタート。かき氷に使う天然氷は、12月中旬〜1月中旬の厳冬期に湧き水を溜めた池で作られる。

MAP P.82 B-1 ☎0494-66-1885
🏠埼玉県秩父郡長瀞町長瀞781-4
🕙10：00〜17：00 🚫火曜 🚶長瀞駅から徒歩約5分

寶登山神社の参道という抜群のロケーションにある。人気は秘伝みつと3種の館でいただく極みスペシャル1500円

やるって
決めてること。
NAGATORO

渓流下りと天然かき氷はマストで。

長瀞の絶景を楽しめる川下りと天然氷のかき氷は超定番。寳登山神社や宝登山ロープウェイなど、周辺には見どころも多数。

おやつは
おだんご♫

夏は新緑、秋は紅葉と
四季折々の絶景を楽しめる

Ⓐ 長瀞ラインくだり

ながとろラインくだり

船頭が操る和舟で川を下る。上流のAコース、下流のBコースのほか、両方を楽しめる通しのコースが選べる。太古の岩盤がむき出しになった「岩畳」は必見。

MAP P.82 B-1 📞0494-66-0950(長瀞ラインくだり本部) 📍埼玉県秩父郡長瀞町長瀞489-2(長瀞ラインくだり案内所) 🕐3月上旬～12月上旬の9:00～16:00頃(1～2月は「ぽかぽか こたつ舟」を運航) 📅荒天時 💴Aコース1800円 🚶長瀞駅から徒歩約1分

霊峰宝登山の頂を目指す
絶景の空中散歩

Ⓑ 宝登山ロープウェイ

ほどさんロープウェイ

山麓から標高497mの宝登山山頂を結ぶ全長832mのロープウェイで、つるべ式に2台のゴンドラが往復している。山頂には小動物公園がある。

MAP P.82 A-2 📞0494-66-0258 📍埼玉県秩父郡長瀞町長瀞1766-1 🕐9:40～17:00(平日は30分毎、土・日曜、祝日は15分延長) 📅無休(定期検査による運休あり) 💴往復830円 🚶長瀞駅から山麓駅まで徒歩約20分

霊峰・宝登山の麓にある
県内有数のパワースポット

Ⓒ 寳登山神社

ほどさんじんじゃ

110年にヤマトタケルノミコトが宝登山に神霊を祀ったのが始まりと言われ、秩父三社のひとつ。権現造りの本殿は、江戸時代末期～明治時代初頭に再建されたもの。境内の売店で買える黄金だんご1本350円が名物。

MAP P.82 A-2 📞0494-66-0084 📍埼玉県秩父郡長瀞町長瀞1828 🕐参拝自由 🚶長瀞駅から徒歩15分

長瀞ちょっとハミダシINFO

テイクアウトグルメが話題です。

地元の名産品を扱う万寿庵の一角にあるテイクアウト店。秩父名物のみそ豚を挟んだガレットや、みそ豚ソーセージを巻いたガレドッグ550円(レギュラー)が人気。

長瀞とガレ
ながとろとガレ
MAP P.82 B-1 ☎0494-66-0637
⌂埼玉県秩父郡長瀞町長瀞447
🕐9:00～17:00(冬季は10:00～16:00) ❌不定休 🚃長瀞駅から徒歩約2分

ランチは名物グルメ狙い。

イノシシ肉を保存するために味噌漬けにしたことから始まったという秩父名物・豚みそをボリューム満点な丼で提供。丼からはみ出すほど大迫力の豚みそ丼 大盛りは1200円。

豚みそ丼専門店 有隣
ぶたみそどんせんもんてん ゆうりん
MAP P.82 B-1 ☎0494-26-7299 ⌂埼玉県秩父郡長瀞町長瀞532-5 🕐10:30～16:00(売り切れ次第終了) ❌火・水曜(繁忙期は営業) 🚃長瀞駅から徒歩約2分

ひと足のばして秩父温泉へ。

お隣、秩父市内には秩父七湯と呼ばれる名湯が点在。日帰り利用できる「満願の湯」は長瀞駅から車で約10分ほど。

長瀞駅からは徒歩でOK。

最大の見どころである長瀞ライン下りの乗船場は、秩父鉄道長瀞駅から徒歩すぐ。飲食店や売店が立ち並ぶ宝登山参道は駅の反対側にあり、こちらも歩いて回れる距離。

ACCESS
FOR NAGATORO

🚃 **電車で行くなら。**

東京駅から北陸新幹線で約40分、熊谷駅で乗り換え長瀞駅までは秩父鉄道で約50分

🚗 **車で行くなら。**

関越自動車道などで約2時間

▶ **長瀞周辺の上手な回り方。**

ライン下りと周辺さんぽを満喫する長瀞のみの日帰り旅なら、アクセス方法は電車でOK。秩父神社のある秩父駅周辺や、市内に点在する日帰り温泉など、そのほかのスポットを効率よく回るなら、車移動がおすすめ。

近場をおさんぽしてみたら、
こんな出合いがありました。

おさんぽしたい
東京の街

1

2

おさんぽしたい東京の街

#01

新しい日本橋は、
奥の奥まで進化していました。

カルチャー発信地の
日本橋兜町に、熱視線が集中！

銀行や証券会社が集い、かつて「日本のウォール街」と呼ばれた日本橋・兜町。2020年にマイクロ複合施設「K5」がオープンしたことをきっかけに、ビストロやパティスリーなど話題の新店が続々オープン。感度の高いフーディーたちが熱視線を送る東京の最旬エリアに変貌した。三越方面には新感覚なアートスポットも登場するなど、日々変化する日本橋から目が離せない！

3

4

5

1.Pâtisserie easeはテイクアウトできる焼菓子も豊富 2.斬新な"金魚アート"で注目を集めるアートアクアリウム美術館 3.ネオンカラーのインテリアが可愛いOmnipollos Tokyo 4.K5内のカフェ SWITCH COFFEEでひと休み 5.Pâtisserie easeは2020年7月、兜町にオープン

感性をみがく！
マイクロコンプレックスって？

カフェラテ
550円

目黒と代々木八幡で人気のコーヒーショップSWITCH COFFEE

FILTER COFFEE700円〜

20室のホテル客室はReturning to the Natureがデザインコンセプト

日本橋でワーケーション！？

地下1階〜地上4階建てのクラシックな建物

兜町のカルチャーに寄り添う複合施設

K5
ケーファイブ

1923年築の銀行建築をリノベーション。2〜4階にホテル、1階は目黒の人気レストランKabiの姉妹店とも言えるCavemanなどが。兜町で活躍する人に注目した「Kontext」もチェック！

(MAP) P.87 ☎03-5962-3485 ⊕東京都中央区日本橋兜町3-5 ⊗地下鉄茅場町駅10番出口から徒歩約5分

SWITCH COFFEE スイッチ コーヒー
⊕8:00〜17:00 ⊖無休

Caveman ケーヴマン
⊕ディナー 18:30/19:00/19:30（予約制）、ワインバー18:00〜23:00(LOフード21:30、ドリンク22:30) ※金〜日曜のみ朝食8:30〜11:00(LO10:00)、ランチ12:00〜15:00(LO13:30) ⊖水曜

Ao アオ
⊕17:00〜翌1:00(土曜・祝日は15:00〜、日曜・祝日最終日は15:00〜23:00) ⊖無休

B ビー
⊕16:00〜23:00(フードLO22:00、ドリンクLO22:30)、土・日曜、祝日13:00〜21:00(フードLO20:00、ドリンクLO20:30) ⊖無休

085

#01 NIHONBASHI

COOKING STUDIO

1.「本とくらしの間に」がテーマの誠品書店 2.誠品生活市集クッキングスタジオも

三越前駅

A

B

首都高

日本橋の中心はココ！

日本橋駅

Takashimaya

日本橋高島屋

1フロアまるごと台湾尽くし！

Ⓐ 誠品生活日本橋
せいひんせいかつにほんばし

台湾発のカルチャー体験型店舗「誠品生活」がコレド室町テラスにオープン。書店をメインに台湾茶のカフェやレストラン、コスメショップ、漢方専門店、ガラス体験工房などが集結。

☎03-6225-2871 🏠東京都中央区日本橋室町3-2-1コレド室町テラス2F ⏰店舗により異なる 🚫不定休（コレド室町テラスに準ずる）🚉JR新日本橋駅・地下鉄三越前駅地下直結

3.大同電鍋 日本限定カラーMサイズ1万9800円 4.王徳傳凍頂ウーロン茶1280円

金魚がアートに!!

3万匹の金魚が舞い泳ぐ

新感覚ミュージアム

コンセプトは「生命の宿る美術館」

Ⓑ アートアクアリウム美術館
アートアクアリウムびじゅつかん

3万匹以上の金魚が美しく舞い泳ぐ。日本の伝統文化と最先端のテクノロジーが融合し、命・光・音・香・味を五感で感じるアート空間として話題。

☎03-3548-8050 🏠東京都中央区日本橋本町1-3-9 ⏰10:00～19:00（最終入館18:30）🚫不定休 💴2300円 🚉地下鉄三越前駅A1出口から徒歩約2分

1.江戸の花街をイメージした「花魁道中」が代表的 2.飲食エリアでは金魚モチーフの金魚あんみつや、季節に合わせたカクテルなどのオリジナルメニューが楽しめる

路地裏も楽しい 日本橋・兜町をおさんぽ

兜町は小さな路地にも穴場的なお店アリ。兜町からおさんぽをスタートするなら、起点は地下鉄茅場町駅！

アラカルトで楽しむビストロフレンチ

彩り鮮やかなサラダ「アンディーブ／琵琶／ブルーチーズ／胡桃」1980円

素材の組み合わせの
妙が光るパティスリー

まるでジュエリーみたいな
気たち♡

1.抹茶とマンゴーのショートケーキにマンゴーとパッションフルーツのソース639円 2.アマゾンカカオのティラミス820円 3.アマゾンカカオのシュークリーム500円

この辺りが
兜町

手みやげにしたい
焼菓子やパンも

C Pâtisserie ease
パティスリー イーズ

千駄ケ谷のレストラン、シンシアでシェフパティシエを務めた大山恵介さんがオーナー。素材の組み合わせ・香り・味わいの余韻を大切にしたケーキを提案。

☎03-6231-1681 ⌂東京都中央区日本橋兜町9-1 ⏰11:00～19:00（LO18:30）🚫水曜 📍地下鉄茅場町駅11番出口から徒歩約3分

茅場町駅

クラフトビールで乾杯♪

ストックホルム発

クラフトビール専門店

老舗鰻店の一軒家を
ポップにリノベーション

E Omnipollos Tokyo
オムニポヨス トウキョウ

ストックホルムの人気クラフトビールスタンド、オムニポヨがアジア初進出。全11種類のビールのほか、日本限定フレーバーも登場予定。

☎なし ⌂東京都中央区日本橋兜町9-5 ⏰15:00～23:00、土曜13:00～、日曜・祝日13:00～21:00 🚫無休 📍地下鉄茅場町駅10番出口から徒歩約2分

ランチメニューは
全てテイクアウトOK！

D Neki
ネキ

渋谷のbistro ROJIURAなどで腕を磨いたシェフ西恭平さんが2020年にオープン。メイン料理のアナゴのフリットなど仏×和の融合したフランス料理を提供。

☎03-6231-1988 ⌂東京都中央区日本橋兜町8-1 1F ⏰11:30～14:30（LO14:00）、18:00～22:00（LO21:00）※インスタグラムで要確認 🚫不定休 📍地下鉄茅場町駅8番出口から徒歩約1分

1.ビールはグラス700円～ 2.ジェラートマシーンでサーブされるビール。オリジナルのグラス＆ジョッキは購入も可能

087

#02

フーディーの集まる中目黒は、日々アップデートしていました。

探究心をくすぐる中目黒は大人の休日にちょうどいい！

デートスポットの定番・中目黒は、東京の中でも指折りのグルメ激戦区。中目黒駅から続く目黒川の周辺には、隠れ家的なレストランや話題のカフェが点在している。何気ない通りに小さな個人経営の店が佇んでいたりして、訪れる度に新たな発見があるのもこのエリアの魅力。代官山方面にはライフスタイル複合施設・代官山T-SITEがあるので、おさんぽしながら足をのばしてみては？

1.4.日本初、世界で5軒目のスターバックスリザーブ®が2019年にオープン 2.桜の名所としても知られる目黒川沿いは、おさんぽにぴったり 3.スペシャルティコーヒーの焙煎と販売を行うONIBUS COFFEE 中目黒店は、古民家風の建物が素敵

川沿いをおさんぽしながらグルメホッピング

1

2

3

4

INDEX

イートインスペースは地下1階にもアリ

1.マスコットキャラクターの明天くんと好好ちゃん 2.果物豆花900円（左）と明天鹹豆漿700円（右）3.揚げパンにきな粉をまぶした美味黄粉油条600円はテイクアウト限定

2

3

ヴィーガン台湾スイーツが美味！

明天好好
みんてんはおはお

中目黒の古着店DEPTのオーナーeriさんが、80年代のアメリカ西海岸のチャイニーズレストランをイメージしてオープン。本格的な台湾スイーツ＆屋台フードはテイクアウトも可。

MAP P.90 ☎03-6452-3102 ⌂東京都目黒区青葉台2-20-7 1F ⏱11:00～23:00（詳しくはHPを確認）
⌂不定休 ◉各線中目黒駅正面口から徒歩約8分

革新的なコーヒーのラボラトリーへ！

1.店内には高さ17mの焙煎設備が。外観は隈研吾氏が設計 2.バーボンベースのコーヒーカクテル2200円

明天好好
MING-TENG HAOHAO
→P.089

目黒川沿いはおさんぽロード

プレミアムクラスのコーヒー豆を使ったスペシャルティコーヒーを提供

A STARBUCKS RESERVE® ROASTERY TOKYO

スターバックス リザーブ ロースタリー トウキョウ

店内で豆を焙煎し、バリスタの高い技術で抽出する。ミクソロジーバーで提供するカクテルなど、ここでしか味わえない100種類以上のビバレッジを用意。

📞03-6417-0202 📍東京都目黒区青葉台2-19-23 🕖7:00〜23:00(LO22:30) 🈂不定休 🚶各線中目黒駅正面口から徒歩約14分

ウイスキー樽で熟成させたコーヒー豆100ｇ1620円〜は自宅でも楽しめる

© 2021 Peanuts

1."ザ・グースエッグス"スライダー1980円 2.オリジナルグッズも販売

スヌーピーがテーマの開放的な空間に癒される！

可愛すぎるスヌーピーメニュー♡

『PEANUTS』の世界観に浸れる普段使いの憩いスポット

B PEANUTS Cafe 中目黒

ピーナッツ カフェ なかめぐろ

アメリカ西海岸をイメージした一軒家カフェ。遊び心ある空間と、キュートなキャラクターモチーフのメニューの数々に、癒されすぎる大人が続出！

📞03-6452-5882 📍東京都目黒区青葉台2-16-7 🕙10:00〜20:00(LO19:00)※短縮営業中 🈂無休 🚶各線中目黒駅正面口から徒歩約8分

ミルクセーキ各970円。ピーナッツバター(左)とチョコチップ(右)

カフェの街、
中目黒をおさんぽ。

隠れ家的なカフェが多い中目黒。ノープランでおさんぽ
しながらお気に入りの一軒を探してみては？

蔦屋書店も♪

ベーグル片手にピクニック♪

Daikanyama T-SITE

代官山 T-SITE

毎日通いたい
コーヒースタンド

目黒川遊歩道にある

できたてホットサンド＆コーヒーを
イートインorテイクアウトで

SIDEWALK
COFFEE STAND
サイドウォーク コーヒー スタンド

祐天寺や井の頭公園にある SIDEWALK
COFFEE の1号店。自家焙煎のエスプレ
ッソコーヒーやクラフトビールのほか、
こんがりと焼いたカンパーニュからチー
ズが溶けだすホットサンドを提供。

📞03-6712-2590 🏠東京都目黒区青葉台
1-23-14 🕘9：00 ～ 19：00 ⊖無休 🚃各線中
目黒駅正面出口から徒歩約6分

1.店内にはイートインス
ペースも。下北沢に新規
店もオープン！2.コー
ヒー豆1530円も販売
3.パストラミを挟んだ
ルーベンサンド900円

"美パフェ"を
撮りたいんです。

フルーツ満載の
アートなパフェグラス

目黒川

C

D

中目黒駅

シメパフェ専門店INITIALの
2号店がオープン！

D INITIAL Nakameguro
イニシャル ナカメグロ

1日の終わりを彩る"シメパフェ"の人
気店が2020年12月、中目黒にオープ
ン。北海道牛乳のソフトクリームと旬の
果物で作るアートな"美パフェ"を提供。

📞03-6452-4994 🏠東京都目黒区上目黒
1-16-6 🕘12：00 ～ 23：00(LO22：30)、土・
日曜、祝日は11：00 ～ ⊖無休 🚃各線中目黒
駅正面出口から徒歩約3分

1.パルフェ・マロン -洋梨と季節
の果物- 1980円は2種のジェラ
ートにフルーツがたっぷり 2.店
内はシックなインテリア

目黒川沿いを歩いて

E

コーヒーのすばらしさを発信！

E ONIBUS COFFEE
中目黒店
オニバス コーヒー なかめぐろてん

産地とお客の橋渡し役になりたいとい
う思いから、オーナー自ら産地に足を運
び、コーヒー豆を買い付け。店内で丁寧
にローストする極上の一杯を味わえる。

📞03-6412-8683 🏠東京都目黒区上目黒
2-14-1 🕘9：00 ～ 18：00 ⊖不定休 🚃各線
中目黒駅東口から徒歩約1分

古民家×
自家焙煎
コーヒー

1.ハンドドリップコーヒー 539円 2.地元民の
憩いの場。天気のいい日は店の外にある緑
に包まれたベンチシートで

#03

進化中の渋谷、
行くならココを押さえたい。

**令和の渋谷は大人の街に？
現在進行形の渋谷で遊ぶ！**

2019年に渋谷スクランブルスクエア、渋谷PARCO、東急プラザ渋谷が相次いでオープン、そして2020年7月にはMIYASHITA PARKが誕生するなど、めざましい変化を遂げる渋谷駅周辺。"100年に１度の再開発"を経て、若者の街から大人も楽しめる街に変わりつつある。中心部からひと足のばせば、都会のオアシスのようなカフェも。見たことのない渋谷を探して、おさんぽスタート。

再開発が止まらない！

1.JINNAN HOUSEのカフェSAKUU 茶空 2.パンとエスプレッソとまちあわせで朝食を 3.タルゴナミルクティーで話題の矢a/ Cha Aoyama 4.渋谷の街を見下ろすCÉ LA VI TOKYO / CÉ LA VI RESTAURANT & SKY BAR

ここ本当に渋谷？と感じるくらいのくつろぎ感

2階建ての建物に面した中庭もカフェスペースになっている

1階のカフェSAKUU 茶空(サクウ)で日本茶はいかが？

1

3

2

1.キッチンカーでは曜日ごとに変わる静岡おでんや沖縄屋台などの出店も 2.罪悪感のない唐揚定食950円など、お茶にちなんだフードメニューも 3.さまざまな茶葉から選んで3杯まで飲めるお茶を用意

原宿と渋谷の中間にある憩い空間

JINNAN HOUSE

ジンナン ハウス

閑静な一角に佇むミニマルな複合施設は、まるで大人の隠れ家。日本茶カフェをはじめ、小さなギャラリースペース、中庭で楽しむキッチンカー、オフィスなどが集まっている。

MAP P.94 ☎03-6434-9675 ▣東京都渋谷区神南1-2-5 ⏰11:30〜22:00、日曜は〜19:00 🏠無休
📍各線渋谷駅B1出口から徒歩約8分

PARCO MUSEUM TOKYO

渋谷PARCO

最先端の感性を世界へ発信するギャラリー空間

A PARCO MUSEUM TOKYO
パルコ ミュージアム トウキョウ

新生PARCOのアート空間へトリップ

アート＆エンタメ性の高い専門店や飲食店が集まる渋谷PARCO内にある。第一線で活躍する国内外のアーティストを招いた企画展、デザインやファッションをテーマとした独自の展覧会を開催。

📞03-6455-2697 🏠東京都渋谷区宇田川町15-1 渋谷PARCO 4F 🕐渋谷PARCOの営業時間を確認 🈂企画展により異なる 🚉各線渋谷駅A6b出口から徒歩約5分

MEGURU YAMAGUCHI EXHIBITION
「YOUR OLD FRIEND」
(10/31-11/16,2020)

1.ギャラリーのエントランス 2.現代アート作家の展示会などユニークな展覧会を行う

まずはアートスポットをチェック

渋谷の奥にはくつろぎCAFEが♡

JINNAN HOUSE
→P.093

渋谷駅前は再開発中！

SHIBUYA109

渋谷駅

MIYASHITA PARK

話題のミヤシタパークへ♪

A B C D E

朝ごはんのために早起きしちゃう？？

1.人気食パンを使ったムーと鉄板ベーコンエッグ550円 2.常時40種類のパンはテイクアウト可能

MIYASHITA PARK

朝からOKのパン×卵料理カフェ

B パンとエスプレッソとまちあわせ

朝食からディナーまでオールデイに楽しめる、パンとコーヒーのお店。オムレツなどの卵料理が評判で、オーダー後に鉄板で調理するのでどれもアツアツ。

📞03-6805-0830 🏠東京都渋谷区神宮前6-20-10 MIYASHITA PARK South 2F 🕐8：00〜23：00(LO20：00) 🈂無休 🚉各線渋谷駅ハチ公口から徒歩約3分

東急プラザ渋谷

世界有数のエンタメレストランが
日本初上陸！

CÉ LA VI TOKYO /
CÉ LA VI RESTAURANT
& SKY BAR

C

セラヴィ トウキョウ
セラヴィ レストラン＆スカイバー

シンガポールのマリーナ・ベイ・サンズな
ど、世界に展開する総合エンターテインメ
ントレストラン。東急プラザ渋谷の最上階
にあり、渋谷の街を眼下に見下ろす。多彩
なモダンアジア料理を提供。

📞0800-111-3065 🏠東京都渋谷区道玄坂1-2-
3 東急プラザ渋谷18F 🕐11:00～23:00 📅無
休 📍各線渋谷駅西口から徒歩約1分

リゾート感がスゴイ
ルーフトップレストラン

渋谷を見渡す絶景スポット

1.真下に渋谷スクランブル交差
点を望むスカイバー 2.エリアご
とに雰囲気がガラリと変わる
3.ワンプレートランチコース（カ
フェ付）1800円のメインディッ
シュ。3種類から選べる

開業ラッシュな渋谷の
最旬スポットへ。

ニューオープンした商業施設内にある人気カフェや、
初上陸系の話題スポットをチェックして。

バナナジュースで
エネルギーチャージ！

めっちゃ濃厚、めっちゃバナナ。

渋谷ヒカリエ

2020年9月オープンの
ジューススタンドがアツイ！

めっちゃバナナ
ヒカリエShinQs店

D

エクアドル産の熟成バナナを使っ
たバナナジュースは、砂糖不使用
なのに濃厚な甘さ。バナナのみの
スタンダードなものから、きな粉
やココア、小松菜などを加えたトッ
ピング系、ヴィーガンジュースも。

📞03-6434-1740 🏠東京都渋谷区渋
谷2-21-2 渋谷ヒカリエShinQs 2F 🕐
11:00～20:00 📅施設に準ずる 📍
各線渋谷駅ヒカリエ口直結

1.ミネラル豊富な竹炭
Mサイズ550円 2.美容
と健康にいいケールM
サイズ550円

韓国からやってきた
タルゴナミルクティー！

テイクアウト専門！
韓国の人気店が日本に上陸

天a/ Cha Aoyama

E

チャ アオヤマ

砂糖でできたタルゴナ（カルメ焼
き）を、エスプレッソマシンで抽
出した紅茶にのせたタルゴナミル
クティーの専門店。時間が経つと
タルゴナが溶け出し、キャラメル
ミルクティーのような味わいに。

📞03-3407-1083 🏠東京都渋谷区渋
谷2-1-11 🕐11:00～18:00（土・日曜
は11:30～18:30）📅無休 📍各線渋
谷駅B4出口から徒歩約7分

タルゴナティー片手に
おさんぽ♪

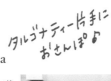

1.タルゴナアッサムミルクティー648円 2.エスプレッソマシ
ンで抽出した紅茶は香り豊か 3.スコーン270円～も人気

#04
クラシックなのに新しい！
新感覚な 丸の内＆大手町。

寄り道が楽しい大人の街は
大型施設が開業ラッシュ！

東京駅丸の内駅舎や三菱一号館美術館など**レトロ＆クラシックな建物**が点在し、歴史を残しながらもオフィス街として賑わう丸の内＆大手町エリア。2020年9月には、**フォーシーズンズホテル東京大手町**が開業し、2020年11月には商業施設の**丸の内テラス**がオープン。さらに2027年には高さ**日本一のビル、トーチタワー**が竣工予定とあり、今後ますます注目が高まりそう！

大人な休日を過ごしたい♪

INDEX

1.2.赤レンガ造りの三菱一号館美術館は、丸の内ブリックスクエア内にある 3.フォーシーズンズホテル東京大手町のアフタヌーンティー 4.ドーム天井が美しい東京駅丸の内駅舎

冬のウニテラスの注目店！

ルーフトップの10階ではアラカルトメニューや
ティータイムを楽しめる。

ランチコースは3580
円〜、ディナーコース
は8800〜

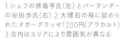

1.シェフの徳島亨氏（左）とバーテンダー
の谷田歩氏（右）2.大理石の箱に詰めら
れたヌガーグラッセ1200円（アラカルト）
3.店内はエリアにより雰囲気が異なる

> 丸の内テラス <

**"旅と自然"がテーマの
ルーフトップレストラン**

THE UPPER

アッパー

丸の内テラスの9〜10階にオープ
ン。日本だけでなく世界各地の料理
とフレンチの技法が融合したコンテ
ンポラリーな料理を提供する。

MAP P.98 ☎03-5962-9909 東京都
千代田区丸の内1-3-4 丸の内テラス
9-10F ⏰11:30〜23:00 月曜 地
下鉄大手町駅B1b出口・B7出口直結

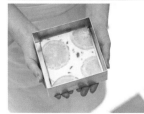

2　　3

天空のラウンジで非日常感を味わう!

話題のホテルでアフタヌーンティー♪

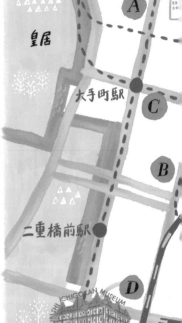

1.セイボリー、スイーツ、スコーンで構成され、季節により内容が異なる
2.ホテルの39階にある

フォーシーズンズホテル東京大手町

和のエッセンスを取り入れたアフタヌーンティー

A THE LOUNGE

ザ ラウンジ

皇居の森や富士山を望む開放的な空間でティータイムを楽しめる。アフタヌーンティー7084円〜は数種類から選べる日本茶やモクテルなどドリンクメニューも魅力。

📞03-6810-0655 🏠東京都千代田区大手町1-2-1 フォーシーズンズホテル東京大手町39F 🕐11:00〜19:00、アフタヌーンティーは11:00〜12:30(LO12:00)、13:00〜15:00(LO14:30)、15:30〜17:30(LO17:00) 🏠施設に準ずる 🚇地下鉄大手町駅C4・C5出口直結

ホテルスイーツを自分へのごほうびに!

クリーム入りでスイーツ感覚のこく生ブリオッシュは1個410円〜

マンゴープリン777円

おやつをテイクアウト♪

新丸ビル

テイクアウトのほか、カフェエリアも!

ザ・ペニンシュラ ブティック&カフェ 新丸ビル店

ザ・ペニンシュラ ブティック&カフェ しんまるビルてん

ホテルメイドのケーキやペストリー、チョコレート、ホテルギフトなど、ラグジュアリーホテルの味を楽しめるショップ&カフェ。店内ではアフタヌーンティーも提供する。

📞03-5223-2888 🏠東京都千代田区丸の内1-5-1 B1F 🕐11:00〜20:00(LO19:30)、土・日曜、祝日は11:00〜19:00(LO18:30) 🏠施設に準ずる 🚇各線東京駅・大手町駅直結

2020年11月に開業した大人の遊び場

C 丸の内テラス

まるのうちテラス

ルーフトップレストラン(THE UPPER →P.97)をはじめ、ダーツやカラオケ、アメリカンダイナーを擁する複合エンターテインメントプレイス(MARUNO UCHI BASE)など、"丸の内エリア初"の試みが詰まっている。

📞03-5218-5100(丸の内コールセンター) 🏠東京都千代田区丸の内1-3-4 🕐11:00〜21:00(日曜・祝日は〜20:00) 🏠無休 🚇地下鉄大手町駅B1b・B7出口直結

注目のニューオープン♪

1.オフィスフロアを擁する10階建てのビル 2.米料理専門のスペインバル、バル ポルティージョ デ エスパーニャ

丸の内仲通り沿いに新名所がデビュー!

皇居
大手町駅
二重橋前駅
三菱一号館美術館
MITSUBISHI ICHIGOKAN MUSEUM

〉三菱一号館美術館〈

仕事帰りでも楽しめるカフェ&バー

D Café 1894

カフェ いちはちきゅうよん

三菱一号館美術館に併設し、明治時代の銀行営業室を復元したクラシックな空間が魅力。西洋料理をメインとしたフードメニューのほか、展覧会タイアップメニューも。

☎03-3212-7156 ⌂東京都千代田区丸の内2-6-2 三菱一号館美術館 ⊙11:00～23:00(LO22:00) ⌃不定休 ⌖地下鉄二重橋前<丸の内>駅から徒歩約3分

1.二層吹き抜けの開放的な店内 2.Café 1894 自家製クラシックアップルパイ930円とカプチーノ720円

芳醇なバター薫る
ぜいたくな焼菓子が美味!

390mのトーチタワーが建設予定!

エキナカのグランスタに話題のショップが!

〉グランスタ東京〈

JR東京駅構内の
グランスタ東京内にオープン

薫るバターSabrina

かおるバターサブリナ

シャラント地方で作られる、フランス全国農業コンクール金賞受賞のバターを中心に、世界中から厳選したバターを使用。お花の形のパイ菓子サブリナが一番人気。

☎03-6206-3215 ⌂東京都千代田区丸の内1-9-1 JR東京駅構内1F ⊙8:00～22:00、日曜・連休最終日の祝日は～21:00 ⌂施設に準ずる ⌖JR東京駅改札内

1.サブリナ5個入り864円 2.バターチョコクランチ7個入り972円

進化中の丸の内・大手町で
カフェ&ショッピング

東京駅周辺は新店が続々と参入するグルメ激戦区! ちょっとぜいたくな休日を過ごせるカフェ&ショップへ。

手みやげにもぴったりの可愛いスイーツをゲット

〉グランスタ東京〈

カカオの栽培から手掛ける
チョコレートブランド

F CACAO HUNTERS Plus

カカオ ハンターズ プラス

世界15カ国のカカオ生産国を旅したカカオハンター小方真弓さんがプロデュース。南米コロンビア産カカオを使った香り豊かなチョコレートのジェラートやドリンク、スイーツを味わえる。

☎03-5218-7031 ⌂東京都千代田区丸の内1-9-1 JR東京駅構内B1F ⊙7:00～22:00、日曜・連休最終日の祝日は～21:00 ⌂施設に準ずる ⌖JR東京駅改札内

1.チョコスフレ1944円 2.カカオの種を包む果肉カカオパルプのジェラートも

自分へのごほうびにぜいたくチョコレート!

ワイン & フルーツな『甲府』へ。

#01 まるで秘密基地なワイナリーで
甲州ワインにどっぷりはまる。

#02 ひと足のばして塩山へ。
話題のワイナリーを訪ねてみる。

#03 甲州グルメの合言葉は "フルーツ" & "発酵食品"。

#04 街なかカフェでのんびり過ごすのもオツなものです。

甲府盆地の中心にある甲府は、明治3~4年頃に初めてワインの醸造が行われた「日本のワイン発祥の地」といわれている。市内には日本トップクラスの甲州ワインを造るワイナリーがたくさん！

日本固有種のブドウ「甲
州」を用いて作られた
甲州ワイン。自然の恵み
を味わいにワイナリー、
SADOYA（P.102）へ

まるで秘密基地なワイナリーで
甲州ワインにどっぷりはまる。

サドヤは100年以上の歴史がある甲府の老舗ワイナリー。広大な地下セラーを見学して、甲州ワインのおいしさの秘密を探ろう。

木樽に詰められたワインが並ぶ樽貯蔵庫は迫力満点

創業104年の老舗ワイナリー

SADOYA
サドヤ

江戸時代から続く油屋が、洋酒店への転業を経て大正6(1917)年にワイン醸造販売を行う「サドヤ」を創業したのが始まり。風土を生かした高品質なワインを造り続けている。

MAP P.113 B-2 ☎055-251-3671 ⌂山梨県甲府市北口3-3-24 ⏰10:00〜15:00（金〜日曜、祝日は〜17:00）※レストランの詳細はHPを確認 🗓無休 🚉甲府駅から徒歩約5分

まるでヨーロッパみたいなワイナリー♪♪

ワイナリーの見学ツアーに参加してみました。

ワイナリー・地下セラーの見学ツアーは1日6回。樽貯蔵庫や一升瓶貯蔵庫を見学できる。ツアーをアテンドしてくれるのは、経験、知識豊かな8人のスタッフ。人によって内容やルートが違ってくるというのが面白い。

体験INFORMATION
ワイナリー・地下セラー見学ツアー
☏申し込みは予約フォームから※3日前までに予約が必要◎月〜木曜11:00〜、金〜日曜、祝日11:00〜・14:00〜・16:00〜（各回40分程度・定員8名）◎1000円
※プレミアム見学ツアー（2000円）の詳細はHPを確認

1 ワインブティックで受付を済ませて見学スタート

見学後はSADOYAワインがいただけるフレンチの「レストラン レアル・ドール」で食事を楽しんでは

2 元貯蔵用タンクだった展示室は独特の世界観でダンジョンみたい！

3 サドヤの歴史も学ぶ。ちなみに地下セラーは地上より5〜10℃気温が低いという

4 見学の最後はグラスワインの試飲ができる。おみやげはワインブティックで購入しよう

📄 TRIP REPORT

《 地下貯蔵庫の見学ツアーはまるで小さな冒険みたいでした！ 》

世界が注目する「甲州ワイン」のことが知りたい。そんな希望を叶えてくれるのが、甲府駅から徒歩5分のワイナリー、SADOYAだ。約700坪におよぶ地下セラーには、昔の搾汁機やワイン造り用の不思議な道具が並び、赤やロゼ色の仄かな照明が灯る展示室は、巨大な地下ダンジョンのよう。ワインブティックには15種類ほどのワインが並び、300〜500円でテイスティングができる。宮内庁御用達の「シャトーブリヤン ミュール サドヤ農場」（赤・白各3300円）など、魅力的なワインをおみやげに持ち帰ろう。

ひと足のばして塩山へ。
話題のワイナリーを訪ねてみる。

醸造家・平山繁之さんが2018年に設立した98WINEs。ここには、平山さんの技術や人柄に惹かれてたくさんの人が集まってくる。

甲府から
車で40分

個性と感性が生み出す
ここでしか味わえないワイン

98WINEsのワインは「霜(SOU)」「芒(NOGI)」「穀(KOKU)」の3シリーズ。使うブドウは近隣の畑やワイナリーの畑で栽培している「甲州」「マスカット・ベーリーA」のみ。ワイナリーから見える景色を彷彿とさせるワインラベルのデザインもユニーク。

ティスティングも。

ワイナリーをかたちづくるのは
素材の異なる3つの建物

ワイナリーは、醸造を行う「鉄の棟」、貯蔵を行う「石の棟」、ショップと交流の場を兼ねる「木の棟」からなる。鉄と石の醸造所は通常見学できないので注意。木の棟ではワインやワインをイメージしたオリジナルティーが飲めるほか、試飲もできる。

富士山を望むロケーション
時間を忘れてくつろげる

木の棟は1階がダイニングルーム、2階は緑やハンモックが置かれたパブリックスペースになっていて、天気が良い日はブドウの段々畑や緑の山々、その向こうに富士山の雄姿が見渡せる。絶景を見ながら飲むワインはこれまた格別。

絶景っ!!

ブドウ畑を
見渡します。

最近集まり始めたというレコードたち。水はけの良い土地の特性を生かし、外にも中にも植物が。非日常感を感じる

絶景が望める"人の集う"ワイナリー
98WINEs
キューハチワインズ

醸造家・平山繁之がワイナリー＆交流の場として2018年に設立。「98」は人との交流で不完全な98が、100にも200にもなれる場所という意味。ワイナリーが立つ地には、かつて地域の人が集まる公民館があったという。

MAP P.113 C-1 ☎0553-32-8098 🏠山梨県甲州市塩山福生里250-1 🕐10:00～15:00（土・日曜のみ営業）🚪月～金曜 🚗塩山駅から車で約10分

📄 TRIP REPORT

《 山の中のワイナリーは、ずっといたいと思う空間でした。 》

甲府駅から車で約40分。斜面に果樹園が広がる農道「フルーツライン」を眺めながら行き着いたのは、標高600mの扇状地に立つワイナリー98WINEs。白い砂が敷き詰められた広場に立つ鉄と石と木の建物は、それぞれワインの醸造、貯蔵、ショップとして機能するワイナリーの心臓部。こんなミニマルな空間で造られるワインについて聞いたり、知ったりしながら、遠く山あいの景色を眺めていると、すごく贅沢な時間を過ごしている気分に。「ワインを買いに行く」でも「ワイナリーを見に行く」でもない。ただ、ここに訪れて心地よい空気を味わってほしい。

まるで宝石。

自家農園の桃パフェ 1320円（フルーツメニューは季節により変更あり）

朝採れのフルーツや
旬の食材を味わえる
ダイニングレストラン
＆カフェ アジール

農業生産法人ドリームファームの直営レストラン。自社農場で毎朝収穫される新鮮なフルーツを使ったパフェやピザが人気。甲州ワインも豊富に取り揃えている。

MAP P.113 B-1 ☎055-255-1800 ⑫山梨県甲府市北口3-9-8 ⑬ランチ11:00～14:00、ディナー17:00～22:00(LO21:30)※日・月曜、祝日はランチのみ 🚫無休 ◎甲府駅から車で約5分

やるって
決めてること。
#03
KOFU

甲州グルメの合言葉は
"フルーツ"
＆"発酵食品"。

春から秋はもはや楽園。
フルーツ

春にはモモ畑、夏から秋にかけてブドウ畑が一面に広がる甲府。旬のフルーツを堪能できるスポットに立ち寄ってみよう。

周囲を山に囲まれた甲府は水はけのよい地形を利用して昔から果樹栽培が盛ん。甲府味噌などの発酵調味料を使った郷土料理も人気です。

"口福"なひと口。

魅惑のレーズンサンド♡

巨峰、ピオーネなどの大粒ブドウのみを使ったラムレーズン216円

お花を、サンド。

フルーツサンドのメニューは、季節により変更あり

パティシエこだわりのスイーツメニューが充実
甲府記念日ホテル
カフェテラス ウィステリア

こうふきねんびホテル　カフェテラス　ウィステリア

甲府記念日ホテルの1階にあるカフェレストラン。テイクアウトできるフルーツサンドは、スペシャルマロン750円、ロイヤル苺800円など全10種類。

MAP P.113 B-1 ☎055-253-8111 ⑫山梨県甲府市湯村3-2-30 甲府 記念日ホテル ⑬11:00～20:00(詳細はHPを確認) 🚫無休 ◎甲府駅から車で約10分

山梨のブドウを使ったお菓子やアイテムが充実！
葡萄屋Kofu 甲州夢小路店

ぶどうやコウフ　こうしゅうゆめこうじてん

山梨県産のブドウを使ったレーズンサンドやジュースを販売するブドウ加工の専門店。人気のレーズンサンドは大人も子どもも大好き！になる味。全6種類。

MAP P.113 B-2 ☎055-254-8865 ⑫山梨県甲府市丸の内1-1-25 甲州夢小路内 ⑬11:00～17:30(金・土曜、祝前日～18:00)※変更あり 🚫無休 ◎甲府駅から徒歩約2分

提灯に灯りがともったら
いざ、発酵の世界へ！

手作りの発酵食材を使った
料理や地酒が楽しめる

発酵酒場かえるのより道

はっこうさかばかえるのよりみち

甲州味噌や麹で造る発酵調味料を
使った料理と地酒を楽しめるお店。
発酵調味料のほとんどは店主の桑
本尚也さんの手作り。食べたら「美
味、美味」としか言葉が出てこない。

MAP P.113 A-3　☎080-8001-8335
⬤山梨県甲府市丸の内1-20-21
16:00～21:00　⬤日曜、不定休　⬤甲
府駅から徒歩約7分

発酵調味料って
奥が深い。

甲州合わせ味噌漬け鶏ささみの
炙り500円など3種類のおつまみ
をいただいた。箸が止まらない！

WINE & FRUIT TRIP
甲府

体も喜ぶ

発酵食品

土地の数だけある日本の発酵食品。甲府にも盆
地という地形が生み出した独特の発酵文化が
あり、生産者の努力で発酵ブームが起きている。

「床づくり」とい
う昔ながらの製
法で丁寧に造ら
れる米こうじ
（1kg）1013円

おみやげに、
持ち帰る。

絶品！

甲州やまごみそ（1kg）616
円。甲府味噌は米麹と麦麹
の両方を使った合わせ味噌

甲州味噌の普及活動のため書
籍も制作。（左）『発酵文化人類
学』880円、（右）『てまえみその
うた』1650円

ココは寄らなきゃ！甲府・発酵ブームの火付け役

五味醤油

ごみしょうゆ

明治1年（1868）年の創業から味噌、醤油を造り始
め、現在味噌のみを醸造している老舗味噌蔵。直営
店で自社商品や全国の発酵食品を販売している。

MAP P.113 C-3　☎055-233-3661　⬤山梨県甲府市城東
1-15-10　⬤10:00～17:00　⬤日曜　⬤甲府駅から車で約5分

ワークショップスペース「KANENTE」では、自家製味噌造りを体験できる（予約制）

街なかカフェでのんびり過ごすのも オツなものです。

くつろぎすぎろ○○○

2階建ての古民家を改装したカフェで 煎りたての新鮮なコーヒーをいただく

「いろいろな人と出会うのが好き」というオーナーの丹澤亜希斗さんが、2014年にオープンしたコーヒースタンド。立ち飲みやテイクアウトで気軽にコーヒーを楽しめるスタイルで、さまざまな豆を研究し、焙煎方法にもこだわって淹れたコーヒーを楽しめる。

カフェ

AKITO COFFEE
アキトコーヒー

MAP P.113 A-1 ☎055-254-3551
山梨県甲府市武田1-1-13 ⏰
9:00～18:00 休月曜 甲府駅から徒歩約10分

1.フィルターコーヒー430円～、キャロットケーキ430円、さつまいものパウンドケーキ350円 2.イートインスペースは2階に 3.スタッフは気さくな人ばかり 4.季節によって素材が変わるパウンドケーキが常時10種類ほど並ぶ 5.3種の豆から"本日のコーヒー"をセレクト

職人気質の人が多い甲府。ふと立ち寄った街なかのコーヒー店
でも、こだわりの光る極上のコーヒーに出合える。

おやつタイム♥

歴史を刻んだ純喫茶
雑味のない極上のコーヒー

昭和47（1972年）創業の純喫茶。「50年続けてこ
こまできた」と笑う店主の米山肇さんが世界中で
生産される豆から厳選したコーヒー豆をネルドリッ
プで丹念に淹れた雑味のないコーヒー。ひと口飲
んだだけで、そのクリアな味に感動してしまう。

喫茶店

ダン珈琲店
ダンこーひーてん

MAP P.113 A-3 ☎055-222-0022
🏠山梨県甲府市中央1-7-14 ⏰
9:00～18:00 休土・日曜 🚉甲府
駅から徒歩約10分

1.シンプルなプレーンホットケーキ600
円。ほどよい塩気とふわふわの食感がた
まらない 2.シックで格調高い雰囲気の
店内 3.ベーシックブレンド500円 4.コー
ヒーの魅力を熱く語ってくれた店主の米
山さん 5.カウンターの裏には創業年
「1972」の文字が

TRAVEL NOTE

甲府の旅のまとめ。

2021年11月は
武田信玄の
生誕500年！

TODO

SADOYA

P.102

🕐 SCHEDULE

10 AM — 甲府駅に到着！
まずは駅前広場の武田信玄像にごあい
さつ。名所や名物は駅の近くにあり！

11 AM — ワイナリーを見学
ワイナリーでワインを見て、飲んで、楽し
める。距離が近ければハシゴも可能。

13 PM — ホテルのカフェで
ランチ＆フルサン
フルーツ王国・山梨に来たら季節の果物
を使ったフルーツサンドは絶対食べたい。

15 PM — 甲府ならではの
おみやげ探し
駅周辺にはご当地の甲州ワインやフルー
ツを使った商品を扱うショップが充実。

16 PM — 駅近のカフェでひと休み
何気なく入ったお店にもこだわりのスタイ
ルが。おいしいコーヒーで至福のひと時。

18 PM — 「発酵」がテーマの
居酒屋でしめくくり
おいしくてヘルシーなアテとお酒で「発
酵」の宴。明日のお肌も調子よさそう。

ワイナリー見学で
ワイン造りの魅力を
体感しました

甲府市内にワイナリーは4カ所、山梨県内
には約90も！ 半数ほどが見学可能で、
普段は見られない場所を見学できたり、
ワイン造りのお話を聞けます。事前の予
約は忘れずに。ワイナリーを回遊する「ワ
インタクシー」などもありました。

地中海で使われ
ていたワイン造
のつぼ"クヴェ！

ワイン用のブドウがたわわに！

T@EAT

可愛いお花の
フルーツサンドイッチ

AKITO COFFEE

P.108

今、甲府では発酵食品が話題のようです。

ワインやフルーツもいいけれど、最近甲府では"発酵兄妹"なるユニットを中心に、甲州味噌や麹などの発酵調味料がアツいらしい。甲府市主催の「こうふはっこうマルシェ」はぜひ行ってみたい!

発酵酒場
かえるの寄り道　P.107

コーヒーの香りに
リラックス〜

CAFE

☑ 「甲府記念日ホテル
　カフェテラス ヴィステリア」の
　フルーツサンドはもはや芸術。　P.106

☑ 「AKITO COFFEE」の
　コーヒーとキャロットケーキに感動。　P.108

☑ 匠の味「ダン珈琲店」の
　ベーシックブレンドに唸る。　P.109

DINNER

☑ 「発酵酒場かえるのより道」で
　贅沢なディナー♡　P.107

T@BUY

ワイン&ブドウにまつわるおみやげはマストです。

甲府駅から徒歩約1分の「甲州夢小路」では、ワインや名物のほうとう、ブドウを使った銘菓や話題の人気スイーツなど、バラエティ豊かなおみやげ選びが楽しめました。

えっ
ブドウの照明
可愛い!!

甲州夢小路
葡萄屋KOFU

P.106

高級ブドウジュース&ブドウの枝で作ったボールペンをget!

GOODS

☑ 即買い!「葡萄屋Kofu」の
　ブドウの枝のボールペン。　P.106

GOURMET

☑ 「葡萄屋Kofu」の
　ブドウジュースの
　味に衝撃を受ける。　P.106

☑ 「五味醤油」の
　甲州やまごみそは
　マストのおみやげ。　P.107

甲府ちょっとハミダシINFO

外観は改築されているが、中は昭和レトロ感満載。ひょうたん形の浴槽が特徴

温泉天国・甲府
太宰治ゆかりの湯へ

昭和元（1926年）創業。甲府駅近くにある源泉掛け流しの銭湯。甲府出身の石原美知子と結婚した太宰治が、新婚生活を送る中、この銭湯に通っていた。

喜久乃湯温泉
きくのゆおんせん
MAP P.113 A-1　☎055-252-6123 🏠山梨県甲府市朝日5-14-6 🕙10:00〜21:30 🈺水曜・第3木曜 💰430円 🚉甲府駅から車で約5分

城下町体験ができる
甲州夢小路

江戸〜昭和の甲府城下町を再現したショッピングストリート。レトロな石畳や蔵街、鐘楼「時の鐘」が並び、和モダンな雰囲気を漂わせている。

甲州夢小路
こうしゅうゆめこうじ
MAP P.113 B-2　☎055-298-6300（玉屋 甲州夢小路）🏠山梨県甲府市丸の内1-1-25 🕙店舗により異なる 🚉甲府駅から徒歩約3分

小路には、山梨の味や技を楽しめるワインショップやレストラン、みやげ物店、アンティーク・ジュエリーの美術館が立ち並んでいる

駅から徒歩で
めぐれる

ワイナリーや名物のほうとう、鳥もつ煮が食べられる店、甲府城や戦国武将・武田信玄ゆかりの地など、甲府駅周辺には、徒歩圏内でめぐれる観光スポットがたくさんある。

発酵ブームの魅力に迫る

P.107 五味醤油

五味醤油をはじめ、地元の生産者やアーティストたちが甲府の発酵文化を見直そうと、新しいムーブメントを起こしており、2018年からは甲府市開催の「こうふはっこうマルシェ」が毎年催されている。

醤油、味噌、麹、もちろんワインだって発酵生まれ！

ちょっと足をのばして……
山梨最大の湯の町・石和温泉へ

昭和36（1961年）にブドウ畑から噴出した温泉が起源という山梨屈指の温泉地。泉質は柔らかいアルカリ性単純泉。日帰り入浴できる旅館や足湯スポットが充実しており、甲府駅から2駅で立ち寄れる。

石和温泉
いさわおんせん
MAP P.113 C-1

ポピュラーな甲府グルメならココ
甲州ほうとう 小作

幅広の麺を野菜と一緒に甲州味噌で煮込む、山梨のご当地グルメ・ほうとうがいただける名店。甲府駅前店、甲府北口駅前店のほか、県内を中心に9店舗を展開している。

甲州ほうとう 小作
甲府駅前店
こうしゅうほうとう こさく
こうふえきまえてん
MAP P.113 A-2　☎055-233-8500 🏠山梨県甲府市丸の内1-7-2 🕙11:00〜22:00（日曜は〜21:00）🈺無休 🚉甲府駅から徒歩約2分

甲府

0　100　200m ♨喜久乃湯温泉 P.112

A　武田神社　B　C

甲府〜塩山

0　1.5　3km

P.104 98WINEs

恵林寺

甲府市　山梨市　甲州市

1

甲府記念日ホテル
カフェテラス
ウィステリア P.106

武田神社

拡大図

石和温泉 P.112

山手通り

新紺屋小

1

P.106 ダイニングレストラン&カフェ アジール
P.108 AKITO COFFEE

甲府市

「甲州夢小路」は
甲府城下町を
再現したショッピングエリア!

山梨県立
科学館　愛宕山

愛宕トンネル

中央本線

甲府消防署

北口

甲府駅

セレオ甲府　南口

葡萄屋Kofu 甲州夢小路店 P.106
SADOYA P.102

甲州夢小路 P.112

山梨英和中

山梨英和高

2

P.112
甲州ほうとう 小作
甲府駅前店

舞鶴城公園西

舞鶴城公園
(甲府城跡)

卍長禅寺

舞鶴城公園は
16世紀の城跡!

誓願寺卍

山梨県庁

金手駅

石和温泉駅

3

舞鶴小

平和通り

甲府市役所

甲府警察署東　岡島百貨店

発酵酒場 かえるのより道 P.107

中央本線

身延線

善光寺駅

甲府警察署前

358

甲府
警察署

ダン珈琲店 P.109

411

印傳屋 上原勇七 本店

P.107 五味醤油

A　B　C

KOFU ｜ WINE & FRUIT TRIP ｜ 甲府

ACCESS
FOR KOFU

🚃 電車で行くなら。

新宿駅から甲府駅まで中央線特急で約1時間30分

🚌 高速バスで行くなら。

新宿駅から甲府駅まで約2時間10分

🚗 車で行くなら。

首都高速4号新宿線、中央自動車道で約2時間

▶ 徒歩&車で上手に移動しよう。

電車でも自動車でも都心から2時間以内で行くこと
が可能。甲府駅周辺は徒歩で移動できるが、少し離
れた場所に行く場合は車が必須。観光タクシーや路
線バスを駆使しよう。

ノスタルジックな港町『三浦・三崎』へ。

#01 三崎グルメにニューウェーブが到来していると聞いて。
#02 レトロな商店街をおさんぽしたい。
#03 日曜の朝は早起きして三崎朝市に直行すべし。
#04 三浦海岸の海沿いスポット＆おいしいものホッピング。

三浦半島の先にある三崎漁港は、マグロの水揚げで知られる港町。近年は、商店街などレトロな街並みでも注目されています。三崎半島の東に位置する三浦海岸は、オーシャンビューカフェや三浦野菜レストランが人気。

木造古民家でコーヒー片
手に読書を楽しめる蔵書
室、本と屯（P.118）

1. ショウガとレモングラスのスパイシーな自家製ジンジャーエール(右)、自家製レモネード(左)各650円 2.青いタイルの外観が目印

NEW WAVE 01 パフェ

旬のフルーツ
パフェが映え過ぎる。

みやがわ
エンゼルパーラー

三浦をはじめ、神奈川県内の農家から直接仕入れる新鮮フルーツを使ったパフェを提供。古い建物をリノベーションした空間も素敵。

MAP P.127 B-1 ☎046-845-8118 🏠神奈川県三浦市三崎4-12-4 🕚11:00～17:00頃 🚫火・水曜 🚃バス停三崎港から徒歩約1分

フルーツは
季節ごとのお楽しみ🍓

朝摘みいちご、クラウンメロン、せとかみかんのぜいたくパフェ 2000円

116 116

三崎グルメにニューウェーブが
到来していると聞いて。

三崎はマグロだけにあらず！ 古民家をリノベーションしたカフェや創作料理店など、新感覚なグルメアドレスが人気。

ドーナツ

NEW WAVE 02

ふわふわドーナツに
ハマる人、続出。

ミサキドーナツ
三崎本店

ミサキドーナツ みさきほんてん
三崎銀座通り商店街にあり、築90年の建物を利用。ドーナツは定番からシーズナルまで20種類以上揃い、2階にはカフェスペースも。

MAP P.127 B-1 📞046-895-2410 🏠神奈川県三浦市三崎3-3-4 ⏰11:00～17:00(土・日曜、祝日は10:00～18:00) 🏠不定休 🚏バス停二崎港から徒歩約1分

1.レモンピールが爽やかなレモンクリームチーズ297円、いちごジャム×ホワイトチョコレートのいちごミルク297円、ナッツの食感がいいチョコクランチ297円 2.テイクアウトまたはイートインで 3.欄間がそのまま残された店内

創作
うどん

NEW WAVE 03

マグロを使った新感覚
メニューに熱視線。

うどん はるかぜ

毎朝その日の分だけ手打ちするできたてのうどんを提供。マグロの燻製をトッピングした三崎ならではの創作メニューが人気。

MAP P.127 B-2 📞046-815-7224 🏠神奈川県三浦市三崎3-5-1 🏠金～月曜⏰12:00～15:00(LO14:00)、17:00～21:00(LO19:00) 🏠火～木曜 🚏バス停三崎港から徒歩約2分

マグロの燻製!?

うどん、はるかぜ

1.マグロの生ハムをトッピングした冷製クリームうどん900円。トリュフ塩が味のポイント 2.三浦産無農薬レモンとローズマリーの酵素ジュース600円 3.元カメラマンの室越さんの店。酵素ジュースは奥様が担当

1階がブックカフェ、2階は美容室になっている。知り合いの焙煎士が開発したコーヒーソーダ500円などドリンクも提供

手作りプリンとクリームソーダ

クリームソーダ480円は駄菓子がおまけに付く。ベーシックな固めプリン380円

ブックカフェ

**木造建築の蔵書室で
くつろぎの読書タイム**

Ⓐ 本と屯
ほんとたむろ

築90年の木造の船具店を利用したブックカフェ。三根さん夫妻が営む出版社・アタシ社の蔵書5000冊を自由に読むことができる。

MAP P.127 B-1 ☎050-3592-4819 🏠神奈川県三浦市三崎3-3-6 🕐10:00〜19:00 🈳月曜、第2・4火曜 🚌バス停三崎港から徒歩約1分

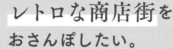

喫茶店

観光案内所のような喫茶店!?

Ⓑ 喫茶トエム
きっさトエム

昔ながらの喫茶店の雰囲気が心地よい店。オーナー山田さんが地元のおすすめを教えてくれるので、ここで旅の計画を練るのも◎。ナポリタンなど食事メニューも。

MAP P.127 B-1 ☎070-4031-0524 🏠神奈川県三浦市三崎4-9-8 🕐11:00〜18:00(金曜は15:00〜22:00) 🈳木・金曜 🚌バス停三崎港から徒歩約1分

やるって
決めてること。

#02
MISAKI

レトロな商店街を
おさんぽしたい。

バス停三崎港から歩いてすぐの三崎銀座通り商店街は、昭和40年代の古い建物が立ち並ぶレトロなスポット!

喫茶トエム Ⓑ

バス停
三崎港 ♀

三崎銀座通り

中華料理 牡丹

ミサキドーナツ
P.117

本と屯 Ⓐ

ミサキプレッソ Ⓓ

cafe gallery 3sun Ⓔ

まるいち食堂 Ⓒ

3種のマグロ食べ比べ!!

1.赤身、中トロ、大トロを食べ比べできるまぐろ3点盛定食1650円 2.テーブル席や座敷席がある広い店内 3.鮮魚店に隣接。仕入れにより一部メニューは異なる

＞食堂＜

**好きな魚を選べる
鮮魚店直営の食堂！**

Ｃ まるいち食堂
まるいちしょくどう

三崎名物のマグロをはじめ、その日仕入れた地魚を味わえる。隣の鮮魚店で魚を選び、刺身・煮付け・塩焼きなど好きな調理法で楽しめるのが魅力。

MAP P.127 B-1 ☎046-881-2488 ⛩神奈川県三浦市三崎3-5-12 🕐11:00〜18:30（LO17:30）、土・日曜、祝日は11:00〜19:00（LO18:00） 📅水曜、火曜不定休 🚏バス停三崎港から徒歩約2分

薄焼きピザのタルトフランベ800円〜が絶品！

＞昼飲み＜

**ランチからカフェ、
ディナーまで使える！**

Ｄ ミサキプレッソ

イタリア・スペイン料理をベースに、地元の野菜や魚介を使ったワインに合う料理を提供。エスプレッソ400円やドリップコーヒー400円もありカフェ使いもOK。

MAP P.127 B-1 ☎046-882-1680 ⛩神奈川県三浦市三崎3-4-10 🕐土・日曜、祝日の12:00〜21:00 📅月〜金曜 🚏バス停三崎港から徒歩約1分

フワフワしっとり

＞マフィン＜

**土日のみオープン
売り切れ必至の人気店**

Ｅ cafegallery3sun
カフェギャラリー3サン

しっとりふわふわのマフィンはプレーン390円のほか、バニラアップルバターソテーカスタード入りマフィン450円など週替わりで4種類。テイクアウトも可能。

MAP P.127 C-2 ☎090-8558-9254 ⛩神奈川県三浦市三崎2-12-15 🕐土・日曜の11:30〜16:00 📅月〜金曜 🚏バス停三崎港から徒歩約2分

マフィンはInstagramまたはFacebookのストーリーズで前日から予約可

日曜の朝は早起きして
三崎朝市に直行すべし。

早朝の三崎漁港でにぎやかな市場を体験した後は、
マルシェや観光船など港周辺のスポットも満喫!

マグロマークが
あちこちに!

朝市は5時から!

5:00AM

日曜限定の朝市で
お買い物と朝ごはん!

朝市は朝5時から9時頃まで。魚介のほかに三浦野菜や産みたて卵なども売られており、見ているだけでも楽しい。マグロ丼や朝市そばなどの市場グルメも。

三崎朝市
みさきあさいち

MAP P.127 A-1 📞046-881-4488(三崎朝市協同組合) 🏠神奈川県三浦市三崎5-245-7 🕐日曜の5:00〜9:00 🗓年初第1日曜 🚏バス停三崎港から徒歩約5分

10:10AM

にじいろさかな号で
海中さんぽ。

うらりマルシェ前から出港する海中観光船。半潜水式の船で城ヶ島大橋をくぐり、透明度の高い海中の魚の群れを観察できる。天気のいい日は富士山も見える。

にじいろさかな号
にじいろさかなごう

MAP P.127 B-2 📞046-881-6721(うらりマルシェ) 🏠神奈川県三浦市三崎5-3-1 🕐9:20、10:10、11:00、12:40、13:30、14:20、15:10、16:00(臨時便) 🗓荒天時 💴1300円 🚏バス停三崎港から徒歩約2分

活気あふれる「三崎朝市」に潜入してみました。

全国屈指のマグロの水揚げ量を誇る三崎漁港では、毎週日曜の朝5時から朝市を開催。市場両側にマグロをはじめ地魚を扱う店がずらりと並び、新鮮な魚介類がお値打ち価格で手に入る。買い物のコツは、いい品が揃っている早めの時間に行くことと、お店の人におすすめの商品や料理方法を聞くこと。都内を出て朝5時に市場に到着するには電車では間に合わないので、車か前乗りが必要。かなり早起きになるものの、市場内で朝食を食べたり、近くのマルシェに立ち寄ったり、一日を有意義に使えるので早起きする価値はありそう!?

アツアツをパクッ。

9:00AM
マルシェでマグログルメに挑戦してみる。

冷凍マグロや野菜、おみやげ品を販売する2階建てのマルシェ。マグロのとろまん250円やマグロジェラート300円など驚きのまぐろグルメにも注目!

うらりマルシェ
MAP P.127 B-1 ☎046-881-6721 🏠神奈川県三浦市三崎5-3-1 🕐さかな館9:00〜17:00(日曜は7:00〜)、やさい館10:〜17:00(土・日曜、祝日は9:00〜) 📅年中無休 📍バス停三崎港から徒歩約2分

マグロがてんこ盛り

12:00PM
ランチはやっぱりマグロが食べたいんです。

港近くの食堂でランチタイム。赤身、中トロ、大トロ、ブツがあふれんばかりに盛られた超欲張りマグロ丼2500円が名物。味噌汁と小鉢付きでボリューム満点。

まぐろ食堂 七兵衛丸
まぐろしょくどう しちべえまる
MAP P.127 A-1 ☎046-882-6669 🏠神奈川県三浦市三崎5-5-4 🕐9:00〜17:00 📅無休 📍バス停三崎港から徒歩約2分

三浦海岸の海沿いスポット
&おいしいものホッピング。

三浦半島の東にある三浦海岸は、穏やかな海に面した絶好の
おさんぽスポット。アクティビティや海カフェを楽しんで。

馬と一緒に海に
入れる"海馬"も

route
01 人懐こいお馬さんに
乗ってビーチをパカポコ。

晴れた日は、全長500mの三浦海岸を乗
馬でおさんぽできるアクティビティが◎。
スタート地点のファームでレクチャーを受
け、三浦海岸の砂浜までのんびりと歩く
外乗コースなどを日帰りで体験できる。

潮風が気持ぃ〜

ファームには、人
懐こい9頭の馬が
暮らしている

海をバックに
カフェタイム。

route
02 海カフェで
のんびりひと休み。

店内やオープンエアのテラス席から海を望む
オーシャンビューのカフェレストラン。本格的
な料理も魅力で、地産地消のフランス料理は
評判が高い。

天気がいい日はテラス席へ。三崎マグロのカレーライス1700円などラン
チメニューのほか、朝食・ディナーメニューも用意されている

route 初心者でも利用できる乗馬クラブ
01 ホーストレッキングファーム三浦海岸
ホーストレッキングファームみうらかいがん

三浦市の小高い丘の上にあ
る乗馬クラブ。90分の外乗
を楽しめる外乗コース(所
要約2時間)のほか、馬と一
緒に海で泳げる7〜9月限定
の海馬コースなどがある。

MAP P.127 A-3 ☎046-887-1088 ⬜神
奈川県三浦市南下浦町上宮田1751-3 ⏰
10:00〜14:00〜(海馬コースは10:00
〜、13:30〜)⬜荒天時 ⑩10〜6月:海岸
外乗(約2時間)1万9800円〜、7〜9月:
海馬(約1時間30分)2万3000円〜⬜三
浦海岸駅から徒歩約10分

route オールデイに楽しめるカジュアルフレンチ
02 ビーチエンドカフェ

海を望む県道215号線沿い
に立つカフェレストラン。三
浦野菜や牧場・養鶏場から直
送の牛乳や卵など、地元食
材を使ったヘルシーな料理
を時間を問わず楽しめる。

MAP P.127 A-3 ☎046-854
-4484 ⬜神奈川県三浦市南
下浦町菊名1089-18 ⏰8:00
〜20:30LO ⬜火曜 ⬜三浦
海岸駅から車で約5分

夏みかんジャム400円(右)。人参ジャム350円(左)など野菜ジャムも

季節により使用する野菜が変わる三浦ピクルス550〜600円

穏やかな三浦海岸はおさんぽが気持ちいい

route 03 三浦のおいしいものを買いに行く。

高梨農園で栽培されたフルーツや野菜を使う手作りジャムは、「農家の保存食」をベースとしたシンプルで体にいいものを心掛け作られている。ハーブやスパイスを効かせた三浦ピクルスは、見た目も華やかでおみやげにぴったり。

駅から歩いて行ける♪

route 04 ランチもディナーも。三浦産グルメに出合えます。

三浦野菜や三崎漁港の魚介など、地元素材を使った絶品料理なら「レストランao」がおすすめ。そのとき最もおいしい素材をカジュアルなイタリアンで味わえるとして人気。

シラスとレモンがたっぷり

生野菜やグリル野菜を盛り合わせた三浦野菜サラダ950円

レモン丸ごと1個使ったしらすと青唐辛子のレモンパスタ1200円

---

route 03 **三浦メイドが揃う小さなおみやげショップ**
03 手土産いろいろ三浦ストア
てみやげいろいろみうらストア

三浦市の農家・高梨農園が営む体、健康にいいグロサリーのほか、食器や工芸品も。アンティークショップ讃々舎(さんさんしゃ)の食器や工芸品も。

MAP P.127 A-3 ☎046-874-4654 ◎神奈川県三浦市南下浦町上宮田3255 ⏰11:00〜18:00(土・日曜、祝日は〜18:30) ⏰水・木曜 ◎三浦海岸駅から徒歩約1分

route 04 **元寿司店が手掛ける三浦イタリアン!?**
04 レストランao
レストラン アオ

三浦海岸駅のそばにあり、ランチからディナーまでノンストップで営業する。ランチのパスタセット1300円〜からお酒に合うアラカルトまでメニューが豊富。

MAP P.127 A-3 ☎046-854-8477 ◎神奈川県三浦市南下浦町上宮田3257 池田ビル1F ⏰12:00〜21:00(LO20:30) ⏰日・月曜 ◎三浦海岸駅から徒歩2分

TRAVEL NOTE

三浦・三崎の旅のまとめ。

TODO

🕐 SCHEDULE

10 AM
三崎に到着！
商店街をブラブラ
🚌 起点となるバス停三崎港までは、京急三崎口駅から路線バスで15分ほど。

11 AM
にじいろさかな号で
海中さんぽ
バス停から歩いてすぐの港から、水中観光船に乗船できる。予約は不要。

12 PM
うらりマルシェでお買い物
🥕 観光船乗り場の目の前にある大きい建物。冷凍マグロや三浦野菜が豊富！

13 PM
ランチはやっぱりマグロ！ TUNA🐟
地元でも有名な食堂へ。鮮魚店直営の「まるいち食堂」(P.119)がおすすめ。

15 PM
三崎のカフェはマスト
🍽 三崎はレトロな建物を改装した素敵なカフェが急増中！

17 PM
三浦海岸に移動して
素敵なレストランへ
京急三浦海岸駅は三崎口駅からひと駅。三浦海岸までは駅から歩いて5分くらい。

目つき悪めな
ネコがいました 川

商店街にはレトロがいっぱい

三崎はレトロな建物が可愛い港町でした。

マグロの遠洋漁業で栄えた三崎は、昭和初期には日本有数のマグロの街に発展。正面装飾の見事な看板建築や土蔵など、往時の繁栄を伝える古い建物が素敵です。現在はカフェとして使われるなど、街には新しさと懐かしさが同居していました。

三崎銀座通り P.118 ▷

マグロの看板、発見！

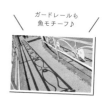
ガードレールも
魚モチーフ♪

MP

TO EAT

三崎→くつろぎカフェ。
三浦→地元食材のレストラン。
が正解でした！

三崎は商店街周辺の路地に素敵なお店が点在。おさんぽ
しながらのカフェ探しが楽しいエリアでした。ディナーは三
浦海岸に移動して、野菜や魚介がおいしいレストランへ。

ブルーのタイルが
可愛いみやがわ
エンゼルパーラー

ショップカードも
可愛い♪

みやがわ
エンゼルパーラー　P.116

ミサキプレッソ　P.119

SWEETS

☑ 「ミサキドーナツ」の
　ドーナツをテイクアウト　P.117

☑ お目当ては「みやがわエンゼル
　パーラー」のパフェ！　P.116

- - - - - - - - - - - - - - - - - - - -

LUNCH

☑ ランチは「うどん はるかぜ」
　の創作うどん　P.117

☑ 「レストランao」の
　三浦野菜サラダが絶品！
　P.123

ミサキドーナツの
ふわふわドーナツ！

TO BUY

マグロだけじゃない！
三浦野菜やフルーツにも注目。

温暖な気候の三浦市では、1年を通して三
浦大根や三浦キャベツなどのブランド野菜
を栽培。みかんやいちごなど果物も豊富で、
農家が作るフルーツジャムは絶品でした！

マフィンはおやつ用に
テイクアウトしました♪

GOURMET

☑ 自分みやげは
　「手土産いろいろ
　三浦ストア」のジャム　P.123

☑ 「うらりマルシェ」の
　三浦野菜をゲット！　P.121

☑ 「うらりマルシェ」の
　マグログルメにトライ。　P.121

☑ 「cafegallery3sun」の
　マフィンでひと休み。　P.119

手土産いろいろ三浦ストア　P.123

MIURA-MISAKI ― RETRO TRIP ―

三浦・三崎

三浦・三崎ちょっとハミダシINFO

一泊するなら 横須賀・観音崎で グランピング!

3棟のみのグランピング施設は予約でいっぱいの大人気ぶり。隈研吾氏によるモバイルハウス「住箱」にステイして、ホテルシェフの料理や隣接の温浴施設が楽しめるのも魅力。

snow peak glamping
京急観音崎
スノーピーク グランピング
けいきゅうかんのんざき
MAP P.127 C-3 ☎046-841-2200(観音崎京急ホテル) 🏠神奈川県横須賀市走水2 ◉馬堀海岸駅から車で約10分

1.三崎からひと足のばした横須賀市にあり、リゾート感満点! 2.客室からは東京湾を望む

三崎周辺はみうらレンタサイクルが便利。

三崎口駅、三崎港、城ヶ島、三浦海岸駅、油壺の5つのポートで電動自転車をレンタルできる。1日1600円〜で、プラス500円で別のポートに乗り捨ても可能。

電車もバスも使える 三浦半島まるごときっぷがおトク。

2日間有効の電車&バスの乗車券、約120の加盟店で使えるお食事券、施設利用券orお土産券がセットに。品川からの発売額は4660円。

お得感がスゴイ! 港町ならではの 絶品朝ごはんの店。

地元民も太鼓判を押す朝食専門店。オーナーの菊地さんが作る料理は、山本養鶏場の玉子かけごはん定食500円やまぐろのホホのひもの定食800円など、リーズナブルでもお腹いっぱいになると評判。比較的空いている平日がおすすめ!

朝めし あるべ
あさめし あるべ
MAP P.127 B-1 ☎046-876-8492 🏠神奈川県三浦市三崎5-1-10 🕕6:00〜10:00 📅月・火曜 ◉バス停三崎港から徒歩約1分

三崎のパワースポットは 海南神社です。

三崎港からほど近い森の中にあり、食の神様を祀るお社など10以上が鎮座。天元5(982)年に社殿が造営され、後に三浦総鎮守となった。境内には、源頼朝が手植えしたと言われる樹齢800年の大イチョウが。

海南神社
かいなんじんじゃ
MAP P.127 B-1 ☎046-881-3038 🏠神奈川県三浦市三崎4-12-11 🕕参拝自由 ◉バス停三崎港から徒歩約3分

城ヶ島大橋を渡って 城ヶ島へ。

三浦半島の南端にある城ヶ島へは車や自転車で。芝生公園や絶壁の海岸、雄大な景色を望むハイキングコースなど自然豊か。

城ヶ島 MAP P.127 B-3

卍音岸寺

A

三浦市

三崎町

西海岸線

P.120

B 卍海南神社 P.126

26

おさんぽの起点は
バス停「三崎港」

C 卍本瑞寺

卍光念寺

215

卍朝めし あるべ P.126

日の出

三崎朝市は
日曜日！

1

三崎漁港

P.120
三崎朝市
三浦水産物地方卸売市場食堂

三浦市
三崎水産物
地方卸売市場

P.120 にじいろさかな号(乗船場) Ⓜ

まぐろ食堂
七兵衛丸 P.121

うらりマルシェ P.121

P

カフェ岬

三崎公園

三崎港

タクシー乗り場

みやがわエンゼルパーラー P.116

喫茶トエム P.118

ニコニコ食堂

ミサキドーナツ三崎本店 P.117

本と屯 P.118

ミサキブレッソ P.119

キーコーヒー

1

北条湾

横須賀三崎線

cafegallery3sun P.119

P.119 まるいち食堂

P

海舟

うどん はるかぜ P.117

チャッキラコ三崎昭和館

花暮岸壁

26

P

2

三崎

0 50 100m

Ⓝ

2

三浦海岸

0 250 500m

214

京急久里浜駅

ホーストレッキングファーム
三浦海岸 P.122

三浦海岸駅

三浦海岸
海水浴場

P.123 手土産いろいろ三浦ストア

レストランao P.123

小松ヶ池公園

三浦海岸

京急久里浜線

3

三浦市

金田湾

三崎口駅

134

菊名海水浴場

下宮田

215

潮風スポーツ公園

P.122 三浦ビーチエンドカフェ

A

南下浦中

Ⓝ

**三浦海岸〜
三崎全体図**

0 1 2km

snow peak glamping Ⓗ
P.126

京急観音崎

左図へ

津久井浜駅

三浦海岸駅

134

京急久里浜線

三崎口駅

相模湾

小網代の森

引橋

216 26 三浦市

城ヶ島入口

三崎町

215

上図へ

剱崎灯台

B P.126 城ヶ島 Ⓜ

城ヶ島大橋

C

Ⓝ

ACCESS
FOR MIURA-MISAKI

🚃 **電車で行くなら。**

三崎港までは、品川駅から京急本線で約1時間10分で
京急三崎口駅、城ヶ島行きなどのバスで約15分

🚗 **車で行くなら。**

首都高速湾岸線、三浦縦貫道路などで約1時間30分

▶ **三浦&三崎を上手に回るなら。**

三浦半島の南端にある三崎へは、三崎口駅からバス
で。見どころはバス停三崎港の周辺に集中している
ので、三崎の散策は徒歩でOK。城ヶ島や油壺へ足
をのばすならレンタサイクルが便利。三浦海岸も、
三浦海岸駅から徒歩5分と歩いて回ることができる。

MIURA - MISAKI ── RETRO TRIP ──

三浦・三崎

喫茶＆クラフトな『松本』へ.

#01 レトロな松本を探しておさんぽしたい。

#02 松本らしさに出合えるグルメアドレスへ。

#03 セレクトショップで見つけたアイテムたちをシェア。

長野県 ★ 東京都

かつて松本城の城下町として発展した松本市は、重厚な蔵造りの建物が残る歴史ある街並みが特徴。柳宗悦らによる民藝運動をきっかけに生まれた松本民芸家具や、クラシックな喫茶店など、和洋折衷のカルチャーが素敵。

民芸家具が素敵な「珈琲まるも」(P.131)。飴色に輝く木の柱やテーブル、イス、照明などのデザインに注目

歴史ある建築とレトロ喫茶が素敵でした。

和洋折衷のカルチャーが根付く歴史の街、松本をおさんぽ。すると、西洋建築の影響を受けた明治時代の建物や昭和の香り漂う喫茶店など、たくさんの"レトロ可愛い"を発見！

1.明治〜昭和の学校に関連する資料を展示 2.天井には、小学校とは思えないおしゃれな照明器具も！

建物正面には天使と龍のユニークな彫刻が

2019年に国宝に指定された瀟洒な学校建築
国宝旧開智学校校舎

`国宝`

こくほうきゅうかいちがっこうこうしゃ

明治9（1876）年、和洋折衷の"擬洋風建築"として完成した小学校。漆喰壁に色ガラスの窓、ドアの把手など、装飾が美しい建物の内部を見学可能。ショップも併設。

MAP P.139 B-1 📞0263-32-5725 🏠長野県松本市開智2-4-12 🕘9：00〜17：00（最終入館16：30）🗓第3月曜（12〜2月は月曜）、祝日の場合翌日 💴400円 🚗松本駅から車で約7分
※2021年6月1日から耐震工事のため3年間休館（休館中は松本市旧司祭館にて資料展示）

長野県宝に指定された宣教師の元住居
松本市旧司祭館

`長野県宝`

まつもとしきゅうしさいかん

国宝旧開智学校校舎から歩いてすぐの場所にある西洋館。明治22（1889）年にフランス人神父により建設され、約100年後に現在地に移築復元され、建物内を公開している。

MAP P.139 B-1 📞0263-32-5725（国宝旧開智学校校舎）🏠長野県松本市開智2-6-24 🕘9：00〜17：00（最終入館16：30）🗓第3月曜（12〜2月は毎週月曜）、祝日の場合は翌日 💴無料 🚗松本駅から車で約7分

大きな窓ガラスが特徴の室内バルコニー。室内は撮影も可能

ここはどこ？！

自家製プリンとコーヒーのセット800円

珈琲 まるも
こーひー まるも

老舗旅館に併設の喫茶店でひと休み

民芸喫茶

明治時代の蔵造りの建物は、松本民芸家具の創立者・池田三四郎が設計。インテリアが美しく、店内はすべて民芸家具で統一されている。

MAP P.139 B-2　☎0263-32-0115　⬡長野県松本市中央3-3-10　🕘9:00〜16:00　⬡月・火曜　⬡松本駅から徒歩約15分

1.朝はモーニングセットが人気 2.鳥羽川沿いにあり、慶応年間に創業のまるも旅館に併設 3.ステンドグラスの照明

おみやげコーヒーも!

やるって決めてること。
#01
MATSUMOTO

レトロな松本を探しておさんぽしたい。

国宝旧開智学校校舎や松本市旧司祭館など、歴史スポットをめぐった後は、クラシックな喫茶店でのんびりと過ごしてみては?

コーヒーとミルクを注ぐ!

大人な甘さ

珈琲美学アベ
こーひーびがくアベ

60年以上の歴史がある純喫茶が可愛い!

昭和レトロ

オーナーの安部さん親子が営むこだわりコーヒーとコーヒースイーツが人気の純喫茶。地元民に愛されるモーニングメニューは良心的な値段が魅力。

MAP P.139 B-3　☎0263-32-0174　⬡長野県松本市深志1-2-8　🕘7:00〜19:00(LO18:30)　⬡火曜　⬡松本駅から徒歩約3分

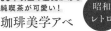

1.ウィンナーコーヒー500円とモカケーキ380円 2.松本駅の近くにある便利な立地 3.コーヒーとミルクを目の前で注いでくれるモカクリームオーレ550円はTikTokで話題に

2

やるって決めてること。#02 MATSUMOTO

松本らしさに出合える
グルメアドレスへ。

地元食材のレストランに、フルーツ加工品のショップ、フードメニューが評判のカフェなど、ハイレベルな松本グルメを体験！

> **POINT**
> ## マクロビオティックを取り入れた"ナチュレフレンチ"
> 昔から愛される地元の食材を使い、体にとって安心な料理を提供することがモットー。

3

1

空間もステキ！

5

6

4

1.信州大王イワナに黄金いくらを添えて 2.築120年以上の商家屋敷を利用 3.ホタテとウドのムースを仕込んだうぐいのグリル。味噌とバルサミコが隠し味。ランチコース5000円〜、ディナーコース8000円〜 4.日本料理ヒカリヤ ヒガシが隣接 5.少しドレスアップして訪れたい 6.シェフ田邊さんと支配人の金井さん。店はルレ・エ・シャトーに加盟している

**登録有形文化財の
蔵造りレストラン**

ヒカリヤ ニシ

マクロビフレンチ

シェフ田邊真宏さんの料理は、地元松本の自然を表現した地産地消のフレンチ。県内の農家の新鮮野菜など、仕入れにより変わるコース料理を提供。

MAP P.139 C-2　☎0263-38-0186　●長野県松本市大手4-7-14 ⏰11:30〜14:00(LO13:00)、18:00〜22:00(LO19:30) 🈳水曜、火曜のディナー ●松本駅から徒歩約15分

POINT

県内最大の品揃え！
長野県内で造られるシードルの品揃えは、その数なんと40銘柄。

1.パッケージも素敵な雪どけアップルパイ1500円など、りんごスイーツも充実 2.りんごのハニーコンポート650円はバタートーストと相性抜群

POINT

自然派フードメニュー
スイーツやカレーなどの料理は店内で手作り。松本の食材も使用。

1.2フロアあり、2階では書籍を販売 2.キーマカレー900円 3.信州産フルーツジュースやジャム、ハチミツなども購入可能 4.松本在住作家によるこぎん刺しのしおり1650円

APPO CIDRE摘果果ブレンド辛口330ml 970円

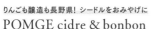

りんごも醸造も長野県！シードルをおみやげに
POMGE cidre & bonbon
ポムジェ シードル & ボンボン
シードル

りんごの醸造酒シードルをはじめ、信州産フルーツのスイーツや、ワイン・ジャムなどの加工品を扱うショップ。購入したシードルは発送もできる。

MAP P.139 B-3 ☎0263-31-0333 📍長野県松本市中央2-20-2 信毎メディアガーデン2F 🕐11:00～19:00 休施設に準ずる 📍松本駅から徒歩約7分

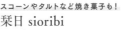

スコーンやタルトなど焼き菓子も！
栞日 sioribi
しおりび
ブックカフェ

オーナーの菊地さんがセレクトする書籍と、妻・希美さんが担当するフードメニューを楽しめる。安曇野産のお米を使う野菜の旨味たっぷりのキーマカレーは絶品。

MAP P.139 C-3 ☎0263-50-5967 📍長野県松本市深志3-7-8 🕐7:00～20:00 休水曜 📍松本駅から徒歩10分

MATSUMOTO | CAFE & CRAFT TRIP | 松本

📄 TRIP REPORT

松本食材の魅力を、地元のお店で体感しました。

松本は、美ヶ原高原などから運ばれてくる雨水や雪どけ水が湧き出す名水の街。何年もかけて地下に染み込んだ水は、ミネラル成分を豊富に含み清冽な湧き水になる。街なかにはいたるところに井戸や湧水地があり、地元の人々の生活に使われているそう。きれいな水が育む野菜や果実、川魚は、ここでしか生まれないまさに自然の恵み。そんな松本の食材・食文化の豊かさは、レストランやカフェ、加工品専門店などの地元のお店で体感するのが一番。作り手の思い入れが伝わる松本グルメは、忘れられない旅の思い出になること間違いなし。

やるって
決めてること。
#03
MATSUMOTO

セレクトショップで見つけた
アイテムたちをシェア。

民芸運動の発信地であり、クラフトの街として知られる松本は、
セレクトショップもハイレベル！

水牛の角でできた動物＆植物モ
チーフのブローチ各990円

沖縄で活動するおおやぶみよ
氏のガラスの器3850円など

世界中から集まるアイテムで
海外旅行気分に!?

monbus
モンバス

オーナーの山田さんがヨーロッパ
などで買い付けたアパレル、アン
ティークアクセサリー、食器、イ
ンテリア雑貨などが揃う。日本各
地から集めた作家モノのアイテム
も充実している。

MAP P.139 B-2 ☎0263-88-2932 🏠
長野県松本市大手2-2-26 🕚11:00〜
19:00 🚫水曜 🚉松本駅から徒歩約7分

アール・デコのアンティークカッ
プ＆ソーサー 3520円など

印伝の伝統技法×西洋デザインの「inden」。カードケース1万9800円

「Classic Ko」の蒔絵ジュエリーのピアス2万7500円（左）、2万5300円（右）

リトアニアで作られた木製コースター770円。手触りがいい

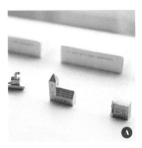

東京・谷中の「穀雨」のオブジェ〈どこか遠くにある街〉2750円など

松本の版画作家が手掛けた手刷りの木版画ぽち袋。各198円

長野県芽野市にあるハーブ専門店のハーブ＆フラワーティー。各583円

ガラムマサラ648円、チャイティー464円などエスニック食材も

LABORATORIOオリジナルのトートバッグ（ミニ）1540円

カフェスペースもあり、イングリッシュマフィン550円〜は絶品

日本各地の"いいもの"が集まる

Ⓐ ギャルリ灰月
ギャルリかいげつ

日本各地の作家のもとを直接訪れ、個性豊かなこだわりのアイテムを扱う店。作家の企画展が月2回開催されるなど、商品はいつ訪れても飽きないラインアップ。

MAP P.139 B-3 ☎0263-38-0022 ⌂長野県松本市中央2-2-6 高美書店2F ⏰11:00〜18:00 🚫火・水曜 ⊚松本駅から徒歩約6分

隠れ家のようなショップ＆カフェ

Ⓑ LABORATORIO
ラボラトリオ

元薬局の古い建物の1階に雑貨、2階にカフェがある。グルメみやげをはじめ地元作家の作品、雑貨を販売。カフェで味わえるハーブティーやチャイも購入できる。

MAP P.139 A-2 ☎0263-36-8217 ⌂長野県松本市大手1-3-29 2F ⏰11:00〜18:00 🚫火曜 ⊚松本駅から徒歩約8分

TRAVEL NOTE

松本の旅のまとめ。

SCHEDULE

10 AM まずは国宝 松本城を見る！
松本駅から松本城までは車で約10分。
タウンスニーカーバスでもアクセス可能。

11 AM 松本らしい民芸喫茶へ
女鳥羽川沿いにある「珈琲 まるも」は民
芸家具で統一されたインテリアが特徴。

12 PM 蔵造りの中町通りをブラブラ
蔵造りの建物が建ち並ぶ通りには、蔵カ
フェやテイクアウト専門スイーツ店も。

13 PM マクロビフレンチの
蔵レストランでランチ
ランチのお目当ては、松本の野菜をふん
だんに使った優しいフレンチ！

14 PM りんごグルメを買いに行く
シードルやジャムなど、りんごの加工品は
カフェなどでもゲットできる。

15 PM セレクトショップで
自分みやげ探し
松本には、オーナーのセンスが光る素敵
なセレクトショップが多数！

16 PM 駅前のレトロ喫茶でシメ
3代続く老舗「珈琲美学アベ」はコーヒー
スイーツが美味。松本駅から徒歩すぐ。

TO BUY

POMGEのフル
ーツクラッカ
ー各580円

栞日のぶどう＆もも
ジュース各756円

栞日では生産者か
ら仕入れたりんご
ジャム594円やは
ちみつ1640円も

フルーツ系みやげ、集めました。

長野といえばりんご！ということで、シードルの品揃えが豊富な
POMGE cidre & bonbonへ。試飲しながらお気に入りの銘柄を選
べます。お菓子やジャムはカフェやセレクトショップにもたくさん！

松尾ミユキさんのコン
パクトミラー 660円

動物モチーフに
キュン。

民芸＆クラフトの街、松本
で自分みやげ探し。セレク
トショップmonbusで、イラ
ストレーターの松尾ミユキ
さんのグッズを発見！ ネパ
ールで作られたほっこり可
愛いブローチなど、動物系
アイテムが素敵でした。

GOURMET

☑ 「POMGE cidre & bonbon」
のフルーツクラッカーを
旅のお供に。 **P.133**

☑ 「栞日 sioribi」のフルーツ
ジュース＆ジャムを
チョイス♪ **P.133**

GOODS

☑ 自分みやげに「monbus」の
象牙ブローチ＆がまぐちポーチ **P.134**

TO EAT

松本のレトロ喫茶が可愛すぎた♡

松本はノスタルジックな喫茶店が素敵だと聞いて、カフェめぐり。珈琲 まるもは松本民芸家具で統一された空間で、つややかな木の手触りと和洋折衷のデザインが素敵。まるでタイムトリップ気分でした！

珈琲美学アベで
コーヒースイーツ

珈琲 まるも　P.131

珈琲美学アベ　P.131

CAFE

☑ おやつは
「珈琲 まるも」のプリン　P.131

☑ 「珈琲美学アベ」の
モカ系スイーツが可愛すぎ。　P.131

LUNCH

☑ ぜいたくランチは
「ヒカリヤ ニシ」の
マクロビフレンチで！　P.132

松本のごはんがおいしいのは水がおいしいからだそうです。

3000m級の山々に囲まれた松本は、清冽な水に育まれた農作物がおいしい地域です。米やそば、野菜のほか、保存食としての発酵食品も。夏は川魚も美味です。

TO DO

城下町、松本の歴史スポットが素敵でした。

江戸時代に商人の街として栄えた松本は、重厚な蔵造りの商家が今も数多く残され、おさんぽにぴったりの美しい街並みが魅力です。江戸時代に木綿糸で作られた松本てまりなど、伝統工芸品も。

松本城　P.138

蔵が立ち並ぶ
中町通り(P.138)

マンホールも
松本てまり！

🍎 松本ちょっとハミダシ**INFO** 🍊

寄り道したい
おさんぽストリートはココ。

歴史ある街並みが広がる松本市。特におすすめなのは、漆喰壁の蔵造り建築を利用したカフェやスイーツ店が立ち並ぶ「中町通り」や、食べ歩きが楽しい女鳥羽川沿いの商店街「縄手通り」。2つのストリートを徒歩でハシゴするのも◎。

中町通り
MAP P.139 B-2

縄手通り
MAP P.139 B-2

1.縄手通りの「手焼きせんべい 雷神堂」で味噌味せんべいを購入 2.中町通りのカフェ「中町・蔵シック館 茶房」3.縄手通りのそばに「四柱神社」も

松本城は国宝です。

文禄2～3（1593～4）年に築造された五重六階の貴重な天守が現存し、国宝に指定されている。日本アルプス連峰を背景とした黒漆塗り＆白漆喰が美しく、内部の見学も可能。

国宝 松本城
こくほう まつもとじょう
MAP P.139 B-2　☎0263-32-2902
🏠長野県松本市丸の内4-1 🕐8:30～17:00（最終入場16:30）、GWと夏季は8:00～18:00（最終入場17:30）
🈳無休 💴700円 🚗松本駅から車で約10分

移動は
タウンスニーカーバスで。

国宝旧開智学校校舎をはじめ松本城、中町通りなど市内の主要スポットをめぐれる周遊バス。500円で乗り放題になるお得な1日乗車券もあり、松本バスターミナルや車内で購入できる。

環境に優しい
シェアサイクルも！

市内の専用駐輪場で、24時間いつでも電動アシスト付き自転車をレンタル＆返却できるサービスがある。専用アプリで登録を。

松本市美術館
は改修工事中です。

草間彌生氏の現代アートで知られる松本市美術館は、現在大規模工事のため休館中。リニューアルオープンは2022年4月下旬予定で、併設のレストラン「ビストロサンチーム」も同時休業している。
松本市美術館 MAP P.139 C-3

気候＆イベント
情報をチェック。

標高の高い山に囲まれた松本は、湿度が低く晴天の多い安定した気候。一方で冬の冷え込みは厳しい。工芸作品の展示・販売を行う「クラフトフェアまつもと」は国内最高峰の工芸イベントで、クラフトファン必見。毎年5月最終土・日曜に開催する。

松本

0　100　200m

N

A | B | C

P.130
松本市旧司祭館

国宝旧開智
学校校舎 P.130

*旧開智学校は
2021年6月から
改修工事がスタート*

開智小

松本蟻ヶ崎高

松本市

*松本城公園の
出入口は
ココにも！*

松本城西

松本神社
松本神社前

北馬場柳の井戸

深志橋

明科駅
穂高駅

北松本駅

国宝 松本城 P.138

丸の内消防署

太鼓門

2023年秋まで休館中※
松本市立博物館

松本市役所

出口

*松本城公園の
正面入口はココ！*

*至る所に
井戸があります。*

大手二丁目

LABORATORIO P.135

大糸線
篠ノ井線

アルモニービアン

大名町通り

松本ホテル花月

P.132 ヒカリヤニシ

P.134 monbus

四柱神社
P.138

千歳橋

女鳥羽川

縄手通り 中の橋

時計博物館

P.131 珈琲 まるも

はかり資料館

イオンモール松本

P.135 ギャルリ灰月

中町蔵シック館 茶房

松本民芸家具

中町通り P.138

信毎メディアガーデン

松本PARCO

POMGE cidre & bonbon P.133

源智の井戸

松本市中央公園

松本郵便局

2022年4月まで休館中※
P.138 松本市美術館

深志二丁目

市民芸術館西

松本電鉄

お城口

珈琲美学アベ P.131

松本駅

松本駅前

栞日 sioribi P.133

松本秀峰
中等教育

まつもと市民芸術館

新島々駅

井上百貨店

塩尻駅

A | B | C

ACCESS
FOR MATSUMOTO

🚃 **電車で行くなら。**

新宿駅から特急あずさで約2時間30～50分

🚗 **車で行くなら。**

中央自動車道、長野自動車道などで約2時間30分

▶ **市内中心部は徒歩＆バスで**

松本駅から市内北部の松本城までの一帯が街の中心
部。駅から松本城までは徒歩約15分で、中心部は概
ね徒歩で回れるが、周遊バスも便利。松本までのアク
セスとして、バスタ新宿から松本バスターミナルを約
3時間20分で結ぶ高速バス（アルピコ交通）もある。

海沿いさんぽな

『葉山・逗子』へ。

#01 リゾート気分で葉山の海沿いさんぽ。

#02 ここってLA!?な逗子で気になるあそこへ。

穏やかな気候と、海の向こうに富士山を望む眺望が魅力の葉山＆逗子は、明治時代に在日外国人が夏の避暑地として愛し、天皇や皇族の御用邸があることでも知られる。都心から1時間のオーシャンビューリゾートへ！

海ビューのカウンター
席が素敵な「UNDER
THE PALM」（P.143）
は、葉山の森戸海岸に
面している

リゾート気分で
葉山の海沿いさんぽ。

相模湾に面する葉山町には、オーシャンビューのカフェやレストランが点在。天気がよければビーチ散策も◎。

©葉山町 1

1.夏は海水浴場として賑わう森戸海岸 2.細い路地を抜けると現われる一色海岸 3.4.神奈川県立近代美術館 葉山は高台にあり、レストラン「オランジュ・ブルー」からの眺望が見事。サンセットタイムも絶景に！

©Kijuro Yahagi 3

高台から海を見下ろす

小道を抜けて海へ！

©葉山町 2

4

TRIP REPORT

アートスポットに海カフェも！

神奈川県立近代美術館 葉山から県道207号線を北上する海沿いルートは、左手に海を望むドライブが爽快！ 高台にある美術館でアート鑑賞を楽しんだら、県道から細い道に入ると現れる一色海岸や、ビーチフロントのレストランやカフェがある森戸海岸など寄り道スポットへ。京急バス[逗12]なら、県道207号線沿いの主要スポットにアクセス可能。

1 まるでプライベートビーチみたい！

一色海岸
いっしきかいがん

葉山御用邸の黒松や三ヶ岡山緑地などに囲まれた静かなビーチ。米CNNの「世界の厳選ビーチ100」にも選ばれた。7月上旬〜8月下旬頃は海水浴シーズン。

MAP P.147 B-3 📞046-876-1111(葉山町観光協会) ⦿バス停一色海岸から徒歩約2分

2 日本の近代アート約1万5000点を所蔵

神奈川県立近代美術館 葉山
かながわけんりつきんだいびじゅつかん はやま

日本で初めての公立近代美術館として昭和26(1951)年に鎌倉に開館。高台に立ち、海を見下ろす。美術図書室や彫刻庭園などは入場料無料で利用可能。

MAP P.147 B-3 📞046-875-2800 🏠神奈川県三浦郡葉山町一色2208-1 ⏰9:30〜17:00(最終入場16:30) 📅月曜(祝日の場合開館)、展示替え期間 💴展覧会により異なる ⦿バス停三ヶ丘から徒歩約1分

5.葉山マリーナでは、富士山ビューのクルージングが人気 6.7.マーロウ 葉山マリーナ店の、三浦で採れた完熟いちご(紅ほっぺ)とプリン1650円、国産ネーブルとハニークリームチーズプリン1100円 8.9.10.UNDER THE PALMOは店内のほかオープンエアのカウンター席が。生ハムとルッコラのピザ2700円やラザニア2100円などフードメニューも充実 11.12.13.白い瀟洒な建物が目印のレストラン ラ・マーレ。本日のチーズケーキ(バスクチーズケーキ)は660円

3 海の目の前の 一軒家レストラン

レストラン ラ・マーレ

南フランスを訪れたかのような非日常的な空間で、カジュアルに楽しめる"フランス風創作海辺料理"を。1階はカフェ・ブラッスリー、2階がレストラン、3階はバンケットルームになっている。

MAP P.147 B-2 ☎046-875-6683 🏠神奈川県三浦郡葉山町堀内24-2 🕚11:30~21:00(1Fカフェブラッスリーは20:00LO、2Fレストランは19:00LO) 🈳無休 🚃バス停鐙摺から徒歩約1分

4 葉山マリーナにある ビーカープリンの店

マーロウ 葉山マリーナ店
マーロウ はやまマリーナてん

テイクアウト用のビーカーに入った大きな手作り焼きプリンが評判。イートインもOKで、定番のカスタードプリン734円のほか、季節限定モノも用意。

MAP P.147 B-2 ☎046-875-0412 🏠神奈川県三浦郡葉山町堀内50-2(葉山マリーナ1F) 🕚10:00~18:30(L018:00)、テイクアウトは~19:00 🈳火曜(施設に準ずる) 🚃バス停葉山マリーナから徒歩約1分

5 森戸海岸に面する カフェレストラン

UNDER THE PALMO
アンダー ザ パルモ

リゾート風なインテリアが素敵な店内で、カフェやランチを楽しめるオーシャンビューが自慢の店。天気がいい日はオープンエアのテラス席へ。

MAP P.147 B-2 ☎0468-747-429 🏠神奈川県三浦郡葉山町堀内340 🕚11:00~20:00(L019:30) 🈳無休 🚃バス停元町から徒歩約5分

VIEW
ヨットハーバーに臨む
テラス席が特等席！

水鏡に囲まれたテラス席から。
MALIBU FARM

やるって
決めてること。
#02
ZUSHI

ここってLA!?な逗子で
気になるあそこへ。

湘南の海＆富士山ビューが魅力の"リビエラ逗子マリー
ナ"で、まるでアメリカ西海岸みたいなリゾート体験！

マリブ発

CAFE
15時〜16時30分は
カフェ利用もOK♡

まるでアメリカ西海岸！

ロサンゼルス・マリブから
日本初上陸のレストラン
MALIBU FARM
マリブファーム

「フレッシュ、オーガニック、ローカル」
をコンセプトに、湘南の新鮮な野菜や
相模湾の魚介類などを使った料理を提
供。ランチセット3900円など。
MAP P.147 A-1 📞0467-23-0087 🏠神奈
川県逗子市小坪5-23-16（リビエラ逗子マリ
ーナ内）🕐ランチ11:00〜15:00(LO14:
30)、カフェ15:00〜16:30、ディナー17:
00〜20:00(LO19:00) 🈳火曜 🚃逗子駅か
ら車で約10分

MENU
コンセプトはフレッシュ、
オーガニック、ローカル

GENIC
緑のアーチを
くぐって中へ!

MENU
見た目も可愛い
カフェメニューが狙い目!

手書き
メッセージ入り!

季節のデザート
850円

カリフォルニア発

**オーシャンビューの
テラス席は早い者勝ち!**

Ron Herman cafe
逗子マリーナ店
ロンハーマン カフェ ずしマリーナてん

東京でも人気のロンハーマン カフェ
が、ヨットハーバーに臨むマリーナに
登場! オーツミルクバナナジュース
900円、レモンケーキ385円など。

MAP P.147 A-1 ☎0467-23-2153 神奈
川県逗子市小坪5-23-10(リビエラ逗子マリー
ナ内) 11:00～19:00(LO18:00)
不定休 逗子駅から車で約10分

📋 **TRIP REPORT**

《 逗子のマリーナは南国感満載なリゾートエリアでした。 》

JR逗子駅から車で海を目指すこと約10分、突
如出現したのは、ヤシの木が立ち並ぶリゾー
トエリア! ここ、"リビエラ逗子マリーナ"はヨ
ットハーバーを中心とした複合施設で、広い
敷地にホテル、レストラン&カフェ、リゾート
マンション、イベントスペースが集結。江の島
や富士山を望む絶好のロケーションを楽しみ
つつ、アメリカから上陸したおしゃれなカフェ
でひと休み。オーシャンビューのホテルもあ
り、まるでアメリカ西海岸に訪れたような非日
常感満点のリゾート滞在を楽しめる。鎌倉&
江の島観光の立ち寄りスポットとしても◎。

1泊するなら
MALIBU HOTELが◎。

リビエラ逗子マリーナ内にある MALIBU HOTELは、富士山＆ハーバービューが自慢。全11室がスイートルームのスモールラグジュアリーホテルで、クルーズやスパなどのアクティビティや地産地消グルメも楽しめる。

MALIBU HOTEL
マリブ ホテル
MAP P.147 A-1 ☎0467-23-0077 🏠神奈川県逗子市小坪5-23-16（リビエラ逗子マリーナ内）🚗逗子駅から車で約10分

サンセットディナー
が素敵なレストラン、あります。

三浦半島の西海岸側に位置する葉山＆逗子はサンセットも魅力。湘南のシーフードや葉山牛、鎌倉野菜を使ったモダンイタリアンが楽しめるリストランテAOは、リビエラ逗子マリーナの突端にあり、水平線に沈むサンセットを楽しめる。

リストランテAO 逗子マリーナ
リストランテ アオ ずしマリーナ
MAP P.147 A-1 ☎0467-25-0480 🏠神奈川県逗子市小坪5-23-16（リビエラ逗子マリーナ内）🕐11:30〜15:30（LO14:00）、17:00〜21:00（LO19:30）🈺火曜（祝日は営業）🚗逗子駅から車で約10分

葉山にはキレイな ビーチが点在 しています。

森戸大明神のある岬を眺める森戸海岸や、葉山御用邸のそばにある一色海岸など。7月上旬〜8月下旬の海水浴シーズンは賑やかに。

森戸海岸 MAP P.147 B-2
一色海岸 P.142

週末だけオープン！
逗子の 人気カフェへ。

海を見下ろす高台にあるオープンエアのカフェ。自家製酵母パンや季節のジャム、自家焙煎コーヒー 450円〜などを、景色を楽しみながら味わえる。

Minamicho Terrace
ミナミチョウテラス
MAP P.147 A-1 ☎0467-84-7162 🏠神奈川県逗子市小坪4-12-15 🕐土・日曜の12:00〜17:00（平日も営業の場合あり）🈺月〜金曜（夏季・冬季に長期休業あり）、荒天時 🚗逗子駅から車で約10分

葉山・逗子は葉山 女子旅きっぷ がおトク。

京急電車＆バスの乗車券、フレンチから和食まで選べる"ごはん券"、クルージングや名品スイーツなどに使える"ごほうび券"がセットのおトクなきっぷ。品川発3500円、横浜発3300円。

N

和賀江島

134

鎌倉駅

聖和学院高

逗子市

金沢八景駅

第一運動公園

205

横須賀線

横須賀駅

C

東逗子駅

24

A

🅑 リストランテAO 逗子マリーナ P.146
🅞 Ron Haman cafe 逗子マリーナ店 P.145
リビエラ
逗子マリーナ
披露山公園
Minamicho Terrace P.146
逗子開成高

311

逗子駅

京急逗子線

逗子市役所

逗子・葉山駅

B

逗葉高

逗子IC

1

大崎公園
🅗 MALIBU HOTEL P.146
🅕 MALIBU FARM P.144

逗子海岸

ホテルやレストラン、カフェが充実。

逗子湾

24

JRと京急の駅があります

南郷トンネル入口

三浦半島中央道路

南郷上ノ山公園

横横新道

渚橋

蘆花記念公園

森戸川

2

P.143 レストラン ラ・マーレ 🍴
鐙摺
葉山 日影茶屋
葉山マリーナ
P.143 マーロウ 葉山マリーナ店 🔲

207

長柄

311

葉山町

P.143 UNDER THE PLAMO 🍴
元町

相模湾

葉山イチ広いービーチがココ！

森戸海岸 P.146
森戸海岸

森戸大明神 🌳
森戸神社
葉山町役場

三角屋根 パンとコーヒー

207

芝崎
はやま三ヶ岡山緑地

葉山大道

3

山口蓬春記念館 🏛
三ヶ丘

134

27

P.142 神奈川県立近代美術館 葉山 🏛
葉山しおさい公園
一色海岸
P.142 一色海岸
葉山警察署
葉山御用邸前
下山川
葉山御用邸

葉山・逗子

0 250 500m

A   **B**   **C**

ACCESS
FOR HAYAMA & ZUSHI

🚃 **電車で行くなら。**
東京駅から逗子駅まで横須賀線で約1時間

🚗 **車で行くなら。**
都内から首都高速湾岸線などで約1時間

▶ **葉山&逗子、両方回るなら車が便利。**
葉山〜逗子間は路線バスが運行しているが、乗り換えがあり遠回りになるので車のほうが短時間で移動できる。葉山マリーナから逗子マリーナは車で約15分。葉山の主要スポットが集まる県道207号線沿いは、京急逗子・葉山駅から[逗12]の路線バスが走っているので車なしでもOK。

アートが楽しい『那須』へ。

#01 アートビオトープの水庭を歩きたい。

#02 奈良美智のミュージアムへ。

#03 ドライブの寄り道リストはココ。

栃木県北部に位置する那須高原には、近年話題のアートスポットが続々オープン！ 起点となる那須ICからドライブすれば、森や田園風景が美しい高原の美景を楽しむことができる。黒磯駅には休憩に最適な素敵なカフェも。

アートビオトープの
水庭を歩きたい。

無数の池が水鏡となって木々の新緑を映す「水庭」は、絶景アートスポットとして話題沸騰中！ ホテルやレストランも併設。

神秘的な庭園アートを

水庭見学ツアーは事前の予約が必要

カフェ

水庭見学後はカフェのテラスでひと休み

ガラス体験

吹きガラスやサンドブラストを体験できる

陶芸体験

絵付けや七宝焼き作り体験で作品を作れる

自然と対話できる水庭のほか
カフェや工芸体験も

アートビオトープ那須
アートビオトープなす

建築家・石上純也氏が手掛ける「水庭」は、モザイクのように点在する小さな池と318本もの樹木が緻密な計算で配置された自然のアート。見学ツアーが開催される。

MAP P.153 A-1 📞0287-78-7833 📍栃木県那須郡那須町高久乙道上2294-3 🕐水庭見学ツアー 月～金曜14:00～、土・日曜、祝日11:00～、14:00～ 🏠不定休 💰水庭見学ツアー2970円 🚗東北自動車道那須ICから車で約20分

やるって
決めてること。
#02
NASU

奈良美智のミュージアムへ。

現代美術作家として知られる奈良美智(ならよしとも)氏の世界を体感できるミュージアムはマスト。

POINT
自然に溶け込むアート作品
那須の自然景観に調和した屋外展示作品が印象的。森の中に佇む施設自体がアートのよう。

Miss Forest / Thinker
©YOSHITOMO NARA, 2017, Photo: Mie Morimoto

CAFE

Photo: Mie Morimoto

もち粉どら焼きはN's YARDのロゴ入り。抹茶セット1000円

併設の「コナラカフェ」では奈良氏が絵付けした器で無農薬抹茶などを味わえる。

Photo: Mie Morimoto

SHOP

ショップではTシャツやマグカップ、生活雑貨などミュージアムのオリジナル商品のほか、画集や過去展覧会の図録など書籍も販売。

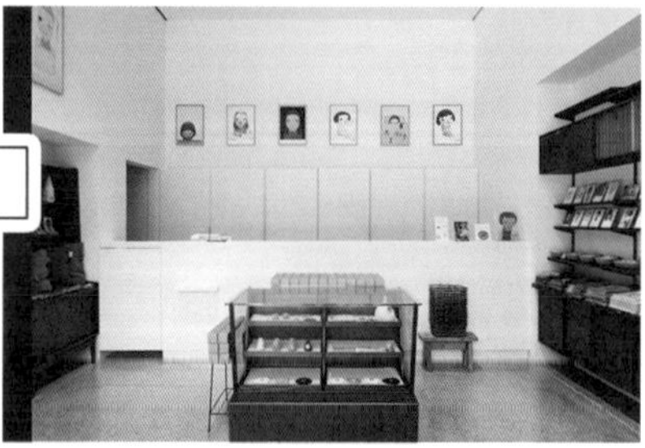

Photo: Mie Morimoto

作家のアトリエを
訪れたような気分に！

N's YARD

エヌズ ヤード

世界的アーティスト、奈良美智氏の私設アートスペース。屋内外に奈良氏の作品を展示するほか、国内外の現代アート作品、レコードジャケットコレクションも。

MAP P.153 A-2 0287-73-5711 栃木県那須塩原市青木28-3 3月下旬～12月中旬の10:00～17:00(最終入館16:30) 火・水曜、冬季(12月中旬～3月下旬) 1500円 東北自動車道黒磯板室ICから車で約10分

1

搾りたてミルクで作る
乳製品をおみやげに

牧場
グルメ

森林ノ牧場
しんりんのぼくじょう

森の中にある牧場で、放牧牛がの
びのびと暮らすのどかな光景が広
がる。併設のカフェでは新鮮なミル
クを使ったチーズやヨーグルトを購
入可能。ソフトクリームスタンドも。

MAP P.153 C-1　**☎**0287-77-1340　**🅿**
栃木県那須郡那須町豊原乙627-114
🕐10:00～16:00 **🕐**木・金曜(祝日の場
合は営業、冬季休業あり、牧場は無休)
📍東北自動車道白河ICから車で10分

2

1.しぼるヨーグルト750
円、発酵バター 1620円
2.ソフトクリーム450円

1

ベーカリー
カフェ

黒磯駅近くの
コーヒーショップ

Iris bread & coffee
イリス ブレッド & コーヒー

人気ベーカリーKANEL BREAD
に併設するカフェ。購入したパン
をイートインで味わえるほか、オリ
ジナルのサンドイッチやコーヒーを
提供する。朝食カフェとしても◎。

MAP P.153 B-3　**☎**0287-74-6877　**🅿**
栃木県那須塩原市本町5-2 **🕐**9:00～
17:00 **🕐**火曜、不定休 **📍**東北自動車
道那須ICから車で約12分

2

1.イートインもテ
イクアウトもOK
2.いちごのフレン
チトースト800円

やるって
決めてること。
#03
NASU

ドライブの
寄り道リストはココ。

ドライブ途中の休憩は、那須高原に点在する人気のグルメス
ポットへ。黒磯駅周辺は人気カフェが集まり注目されている。

2

1.4～10月はテラス席で食事を楽しめる 2.Mt.那須
ロック300g 5500円など豪華なメニューも

ステーキ

ステーキハウスで敷島牛のぜいたくランチ

あ・かうはーど

テラス席もある牧場直営のステーキハウス。人気ナンバーワン
メニューの黒毛和牛サーロインステーキ&ハンバーク4200円は、
那須高原の自家牧場産で、脂身まで上品な味わいと評判。

MAP P.153 A-2　**☎**0287-78-2233　**🅿**栃木県那須郡那須町高久乙593-
146 **🕐**11:00～15:00LO、17:00～20:30LO **🕐**無休 **📍**東北自動車
道那須ICから車で5分

かわいすぎ♪

ココア生地にチョ
コレートが入った
くまぱん250円は
まるでぬいぐるみ。
購入の際は事前予
約を

可愛いキャラパンが
SNSで話題沸騰中!

パン

まるぱん工房
まるぱんこうぼう

天然酵母のパンがテイクアウトで
きる地元ベーカリー。看板商品は、
まるで絵本の中から抜け出したよ
うな「くまぱん」。そのほかにもハ
リネズミパンやうさぎパンが。

MAP P.153 B-3　**☎**0287-63-7006
🅿栃木県那須塩原市原町6-372 **🕐**
10:00～18:00(売り切れ次第閉店)
🕐日・月曜 **📍**東北自動車道那須ICから
車で10分

那須ちょっとハミダシINFO

1.ショップや石の学習室も併設 2.石壁に作られたいくつものブロック穴から光が注ぐ"石と水のギャラリー"

リノベアートなら石蔵を利用したミュージアム。

石の産地である那須芦野にある、石蔵をリノベーションしたミュージアム。手掛けたのは建築家・隈研吾氏。大正～昭和に建てられた石造りの蔵を中心に、建物自体をアート作品として表現していると、アート好きの間で人気のスポット。

那須芦野・石の美術館 STONE PLAZA
なすあしの・いしのびじゅつかん ストーンプラザ

MAP P.153 C-2 ☎0287-74-0228 🏠栃木県那須郡那須町芦野2717-5 🕐2月下旬～12月下旬の10：00～17：00（最終入館16：30） 📅月曜（祝日の場合翌平日）、冬季（12月中旬～2月中旬）💰800円 🚗東北自動車道那須ICから車で約20分

一泊するならココ！
日本初のアグリツーリズモリゾート。

野菜やハーブを育てるアグリガーデンや自然を体感できるアクティビティで人気のホテル。なかでも素材の味をダイレクトに楽しめるイタリア料理レストランが評判。

星野リゾート リゾナーレ那須
ほしのリゾート リゾナーレなす

MAP P.153 A-2 ☎0570-073-055 🏠栃木県那須郡那須町高久乙道下2301 🚗東北自動車道那須ICから車で約20分 ※日帰り利用不可

お店・施設は冬季休業するところも！

夏は避暑、冬はスキーなど一年中楽しめる那須高原だが、観光スポットや飲食店は冬季休業するところが多い。1U～3月頃は事前に確認を。

那須エリアは駅からレンタカーが便利。

那須高原に点在する見どころを回るには、車移動が最も便利。東京からスタートすると2時間30分と長時間運転になるので、現地でレンタカーを借りるという手も。那須塩原駅前にレンタカーショップがある。

日帰り温泉なら那須湯本へ。

約1370年前に開湯したという歴史ある那須湯本温泉。温泉神社周辺に温泉旅館が集まっている。日帰りで利用できる「鹿の湯」は、湯治場の面影を残す共同浴場。源泉掛け流しの硫黄泉を楽しめる。

那須湯本温泉 **MAP** P.153 A-1

福島県
白河市

栃木県
那須町

那須塩原市

N

A 茶白岳

那須どうぶつ王国●

「鹿の湯」は
日帰り利用OK！

♨那須湯本温泉 P.152

那須ハイランドパーク
●南ヶ丘牧場

M アートビオトープ那須 P.149
●那須ステンドグラス美術館

H 星野リゾート　リゾナーレ那須 P.152

道の駅 那須高原友愛の森

P.151 あ・かうはーど

266

369

30

P.150 **N's Yard** 血
道の駅 明治の森・黒磯

那須塩原市

那須ガーデン
アウトレット

Iris bread & coffee P.151

黒磯PA
黒磯板室IC

宇都宮IC

那須塩原駅

A ●宇都宮駅

B

68

P.151 森林ノ牧場

344

17

21

りんどう湖
ファミリー牧場

4

那須IC

高久駅

黒磯駅

まるぱん工房 P.151

182

B

C 郡山IC

白河IC

184

矢吹駅
新白河駅

白坂駅

白河IC

豊原駅

105

那須高原SA
那須高原スマートIC

黒田原駅

28

294

那須芦野・石の美術館 血
STONE PLAZA P.152

巨大水車で搗いた
「水車そば」が名物！
↓

34

道の駅 東山道伊王野

那須

1.5　3km

1

2

3

C

ACCESS
FOR NASU

🚃 電車で行くなら。

東京駅から那須塩原駅まで新幹線で約1時間10分

🚗 車で行くなら。

那須ICまで東北自動車道で約2時間30分

▶ 那須高原は車移動が最も便利。

ドライブの起点は那須IC。北西側には茶臼岳山麓の
自然の中にあるミュージアムや観光牧場、那須湯本
などが。南東側には東北本線が走り、市街地にはカ
フェやレストランも。東京駅からは主要スポットに
アクセスできる高速バス、那須ハイランドパーク号
もある。

153

見たことのない『所沢』へ。

埼玉県

★

東京都

東京のベッドタウンとして人気の所沢は再開発が進行中！ 2020年11月、東所沢にところざわサクラタウンがオープンしたことでさらに注目度が急上昇している。のどかな自然も感じられる絶好の日帰りタウンへ。

デザイン監修は
隈研吾氏。

©角川武蔵野ミュージアム

やるって決めてること。
TOKOROZAWA

サクラタウンのランドマーク！ 角川武蔵野ミュージアムへ。

ところざわサクラタウンのメイン施設の角川武蔵野ミュージアムは、インパクトのある外観や巨大本棚が話題！

エディットタウンのブックストリートには約2.5万冊の本が並ぶ

隣接する東所沢公園では「チームラボ どんぐりの森の呼応する生命」を展開

「チームラボ どんぐりの森の呼応する生命」埼玉 所沢©チームラボ

POINT
ところざわサクラタウンは巨大複合施設！
約4万㎡の敷地内にミュージアムやホテル、飲食店、KADOKAWAのオフィスなどが。

図書館・美術館・博物館・アニメミュージアムが融合
角川武蔵野ミュージアム
かどかわむさしのミュージアム

高さ8mの「本棚劇場」や「マンガ・ラノベ図書館」、「荒俣ワンダー秘宝館」などカルチャーがまぜまぜの複合文化型ミュージアム。リアルとバーチャルを織り交ぜた展示も。

MAP P.157 A-1 ☎0570-017-396（10:00～17:00）埼玉県所沢市東所沢和田3-31-3 ⏰10:00～18:00（最終入館17:30）、金・土曜は～21:00（最終入館20:30）休第1・3・5火曜（祝日の場合翌日）¥1200円～ 東所沢駅から徒歩約10分

サクラタウンの プラススポットがココ。

角川武蔵野ミュージアムを見学した後は、サクラタウン内にある立ち寄りスポットへ。グルメやショップだけで10店以上！

☕ CAFE

名物のさつまいもスイーツは絶対！

KadoCafe
カドカフェ

角川武蔵野ミュージアム2階にあり、紫と黄色の"さつまいもカラー"が可愛いカフェ。名物スイーツのオイモボールのほか、サイボクフランクドック800円など軽食も。

📞04-2003-8714 🏠角川武蔵野ミュージアム2F ⏰10:00〜18:00(LO17:30)、金・土・日曜は〜21:00(LO20:30) 📅第1・3・5火曜日

サツマイモ スイーツ

一番人気のおいモンブラン700円（左）と、おさつきなこ600円（右）

☕ LUNCH

ローカル食材のカジュアルレストラン

カレーあいがけ＋スパイス煮卵1350円

角川食堂
かどかわしょくどう

所沢市内、埼玉県内など地元で生産された新鮮な食材を使い、栄養バランスのとれたメニューを提供。定食1000円〜、カレー900円〜とお手頃。

📞なし 🏠ところざわサクラタウン本棟3F ⏰11:00〜20:00(LO19:00)、要問い合わせ 📅無休

🏛 SHOP

"発見と連想"がコンセプトの体験型書店

読書好きの間で今話題の新感覚なブックストア

ダ・ヴィンチストア

KADOKAWA直営の体験型書店は、「発見と連想」がコンセプト。角川武蔵野ミュージアムの展示と連動したグッズを販売するほか、ワークショップやイベントも開催。

📞04-2945-1828 🏠ところざわサクラタウン本棟2F ⏰10:00〜20:00 📅無休

🏛 HOTEL

アニメやゲームとの"コラボルーム"にステイ

『結城友奈は勇者である』©2017 Project 2H

EJアニメホテル
イージェイアニメホテル

日本のアニメや漫画などさまざまなコンテンツとコラボした部屋を楽しむ体験型ホテル。高性能な音響・映像機器が備えられ、アニメやゲームを持ち込んでも楽しめる。レストランではコラボディナーに舌つづみ。

📞なし 🏠ところざわサクラタウン本棟6F

🧁 所沢ちょっとハミダシINFO 🍡

所沢で フルーツ狩り。 観光農園に行く!

所沢市内にはいちご、ぶどう、梨などの収穫体験ができる観光農園が15以上も。季節により収穫できる農園が異なるので、開園状況を事前に確認。

📞04-2998-9155(所沢市商業観光課)

1.ぶどうの主な収穫時期は8〜10月頃。サツマイモやきのこも

2.ぶどうは巨峰をはじめさまざまな品種を育てている

ローカルグルメ、 "焼だんご"にトライ。

所沢のローカルグルメ「焼だんご」は、炭火で焼いた醤油味。米の保存のために、自家用の石臼で米粉を作ってだんごにしたことが始まりだとか。市内には焼だんご専門店が多数。

📞04-2998-9155(所沢市商業観光課)

所沢から車で15分! 小江戸・川越へ。

江戸時代の面影を残す川越は、所沢から車ですぐ。蔵造りの建物が並ぶ通りで食べ歩きをしたり、川越氷川神社などの寺社めぐりを。電車では、所沢から西武新宿線で約20分。

(社)小江戸川越観光協会

所沢IC Ⓐ Ⓑ

所沢
0 100 200m

1 P.156
ダ・ヴィンチストア
P.156 EJアニメホテル
P.156 角川食堂
ところざわサクラタウン
ベルク•

チームラボ
どんぐりの森の呼応する生命
東所沢公園
角川武蔵野ミュージアム P.154
武蔵野坐令和神社
東所沢中央

🅜 KadoCafe P.156

武蔵浦和駅

所沢市

東所沢駅

463 浦和所沢バイパス
東所沢駅通り
東所沢小

2 東所沢和田3
安松中
武蔵野線
179
東所沢駅入口
2

Ⓐ 所沢駅 Ⓑ
和田小

ACCESS
FOR TOKOROZAWA

🚃 電車で行くなら。

東京駅から東所沢駅まで
京浜東北線、武蔵野線で約1時間

🚗 車で行くなら。

首都高速5号池袋線、関越自動車道などで約1時間

▶色々回るなら車がベター。
ところざわサクラタウンへは東所沢駅から歩いて約10分。見どころは敷地内に集まっているので、サクラタウンだけなら電車+徒歩でOK。フルーツ狩りや周辺のお店も回る場合は車移動が便利。

INDEX

🏔 観光　♨ 温泉　🏠 ホテル　🛍 ショップ　🍴 レストラン　☕ カフェ

Have a nice trip!

東京発、日帰りさんぽ旅

2021年6月30日　第1刷発行

編　著　朝日新聞出版
発行者　橋田真琴
発行所　朝日新聞出版
　　　　〒104-8011　東京都中央区築地5−3−2
　　　　電話 (03)5541 − 8996 (編集)
　　　　　　 (03)5540 − 7793 (販売)
印刷所　大日本印刷株式会社

編集・取材・執筆　　若宮 早希　笠井 木々路
撮影　　　　　　　　北原 俊寛　古根 可南子　若宮 早希
表紙デザイン　　　　iroiroinc.(佐藤 ジョウタ)
本文デザイン　　　　iroiroinc.(佐藤 ジョウタ+香川 サラサ)
地図制作　　　　　　s-map
イラスト　　　　　　KON
組版・印刷　　　　　大日本印刷
企画・編集　　　　　朝日新聞出版(生活・文化編集部　白方 美樹)